新 手 从 零 开 始 学 系 列

物业经理

日常管理·秩序管理·清洁保养·车辆管理

新创企业
管理培训
中心

组织编写

U0313994

化学工业出版社

·北京·

内容简介

《物业经理：日常管理·秩序管理·清洁保养·车辆管理》一书系统地介绍了物业经理在日常工作中的各项职责与具体操作流程。全书共分为九章，从物业管理体系的建设到人力资源管理的优化，再到日常服务、安全、停车、环境、设施设备、业户关系及成本管理等各个方面，内容全面而深入。

本书旨在帮助有志于从事物业管理工作的读者全面了解物业经理的工作范围与核心职责，掌握高效的管理方法和策略，从而更好地规划职业道路。

本书采用模块化设置，循序渐进地引导读者从基础知识到实际操作，既适合初学者入门，也适合有经验的物业经理提升管理技能，是一本不可或缺的物业管理工作手册和工具书。

图书在版编目（CIP）数据

物业经理：日常管理·秩序管理·清洁保养·车辆管理/新创企业管理培训中心组织编写 . —北京：化学工业出版社，2024.6
（新手从零开始学系列）
ISBN 978-7-122-45309-9

Ⅰ.①物… Ⅱ.①新… Ⅲ.①物业管理 Ⅳ.①F293.33

中国国家版本馆CIP数据核字（2024）第062137号

责任编辑：陈　蕾	文字编辑：李　彤　刘　璐	
责任校对：宋　夏	装帧设计：溢思视觉设计／程超 E-mail: isstudio@126.com	

出版发行：化学工业出版社（北京市东城区青年湖南街13号　邮政编码100011）
印　　装：三河市双峰印刷装订有限公司
787mm×1092mm　1/16　印张13¹⁄₂　字数247千字　2024年6月北京第1版第1次印刷

购书咨询：010-64518888　　　　　　　　售后服务：010-64518899
网　　址：http://www.cip.com.cn

前言

随着现代生活水平的提高，城市规划管理的不断加强，居民社区、写字楼、大型商场、工业园区、学校、医院、景区等都对物业管理这一行业有极大需求。

物业管理，管理的是物，服务的是人，通过对物的管理，实现对人的服务。只有在这种理念的支配下，才能真正做好物业管理工作。只有进一步提升物业管理服务质量和效率，全面提高员工职业道德水平，增强员工工作责任意识，才能提高业户满意度，最终满足业户高标准、高质量的健康生活需求。

随着社会对物业管理要求的不断提高，物业经理在未来的就业前景非常广阔。物业经理作为物业项目管理的第一负责人，是物业项目成功运营的关键所在。物业经理的主要职责是确保物业项目的运转顺畅，维护物业价值，并提高业户满意度。在物业管理行业越来越规范化、标准化、法治化，以及竞争越来越激烈的情况下，作为一名优秀的物业经理应该对自身角色有明确定位，即物业经理既是信息传递者，也是人际关系处理者和项目决策制定者，应该具备高尚的道德和更强的个人综合素质，热爱物业管理行业，懂管理，善经营，还要有创新意识和服务意识。

那么，作为一名新上任的物业经理该如何做好物业管理工作呢，需要从哪些方面入手呢？

基于以上问题，我们组织编写了《物业经理：日常管理·秩序管理·清洁保养·车辆管理》一书，本书涵盖了物业管理体系建设、人力资源管理、日常服务管理、物业安全管理、停车服务管理、物业环境管理、设施设备管理、业户关系管理和物业成本管理九章内容。

本书可以帮助有志于从事物业管理工作的人员全面了解物业经理的工作范围、职责、核心，确立管理方法和思路，掌握运营技巧与策略，更好地规划职业发展方向。

本书采用模块化设置，内容实用性强，着重突出可操作性，由浅入深，循序渐进，是一本非常实用的指导手册和入门工具书。

由于编者水平有限，书中难免出现疏漏，敬请读者批评指正。

编　者

目 录

◆ 第二章　人力资源管理 ◆

物业行业是一个人力密集型行业，人力资源管理对于物业服务企业的发展至关重要。物业服务企业的核心竞争力来自优秀的员工团队，而人力资源管理是确保员工能够发挥最大潜力的关键环节。

◆ 第三章　日常服务管理 ◆

物业服务企业属于服务型企业，在其经营、管理和服务的过程中，都应以业户满意为导向，时刻站在业户的角度，为业户提供专业的服务，最终使业户满意，从而与业户建立长久良好的关系。因此，物业经理应做好日常服务管理工作。

第四章　物业安全管理

安全管理在整个社会中具有重要的地位和意义，是各种社会活动的基础和保障。在物业管理活动中，安全管理不仅关系着业户的生命财产安全，还保障了物业服务企业的正常运作。

◆ 第五章　停车服务管理 ◆

　　如今，各个物业小区的机动车数量日益增多，为做好车辆管理，提供安全有序的车辆停放服务，物业服务企业应根据小区车辆管理实际情况做好人员安排，同时利用云计算、物联网等技术，加强对物业小区的停车管理。

───────────── ◆ **第六章　物业环境管理** ◆ ─────────────

　　良好的环境不但可以体现物业区域的整洁，也是物业管理水平的重要标志。物业环境管理是延长设备、建筑物寿命的主要手段，能使物业保值升值。因此，物业经理应做好辖区内的环境管理工作。

◆ 第七章　设施设备管理 ◆

物业设施设备管理是物业功能正常发挥的有力保证，也是物业管理工作的重要内容。物业经理应运用先进的技术手段和科学的管理方法对共用设施设备的使用、维护、保养、维修实施管理，提高它们的使用率和完好率。

◆ 第八章　业户关系管理 ◆

物业服务企业属于服务型企业，提供服务商品，其客户就是业户。物业服务企业在其经营、管理和服务的过程中，不可避免会与业户产生极其复杂的关系。因此，实施客户关系管理对物业服务企业有着至关重要的意义。

◆ 第九章　物业成本管理 ◆

　　随着竞争的日益加剧，我国物业管理行业也进入了微利时代，物业服务企业想要获得更多的发展空间，提升企业的实际经济效益，就必须从加强企业成本控制方面入手。只有实现对成本的有效控制，才能提升企业综合竞争实力，也才能使企业在市场上占有一席之地。

物业管理认知

物业经理是物业服务企业里某个物业管理处的第一责任人，也被称为物业项目经理、管理处经理（主任）、项目经理、物管主任等，本书为了便于编写，统一称为物业经理。

在学习物业管理知识前，物业经理一定要对自己有个定位，了解自己的岗位职责、工作目标和该岗位的素质、能力要求。

下面是××物业公司在××招聘网站上发布的一则物业经理的招聘信息。

岗位职责：

1. 负责物业服务中心的日常管理工作，维护公司利益和形象。

2. 负责组织制定物业管理制度，确保所有运作过程的规范性和制度化，督促和检查制度的贯彻执行。

3. 负责制订物业管理预算并执行，控制好物业管理成本。

4. 负责设施、设备的日常运行、管理与维护。

5. 负责物业团队的建立，人员的管理、培训与考核。

6. 负责统筹物业的安全秩序、保洁绿化、消防安全、客户服务质量等方面的监督管理工作，保证物业品质。

7. 执行各项法律、法规及物业管理公约，与有关部门保持良好沟通。

8. 完成公司领导临时交办的各项工作。

任职资格：

1. 年龄28～45岁，大专及以上学历，具备3年以上房地产项目同等职位管理经验。

2. 熟悉国家物业管理相关法律法规，能独立完成政府部门要求的各项申报及审批手续。

3. 具备全面统筹大型综合物业的能力，较强的计划、组织、协调、控制、督导能力。

4.具备较高的职业素养，较强的责任感，良好的管理理念、服务意识、应急处理能力，具备处理物业突发事件的相关经验。

从以上招聘信息可以看出，物业管理工作可以说是千头万绪、纷繁复杂。作为一名物业经理，要懂、要做的事情可不少。

一般来说，构成物业管理行业根本属性的有下图所示六大基本要素。

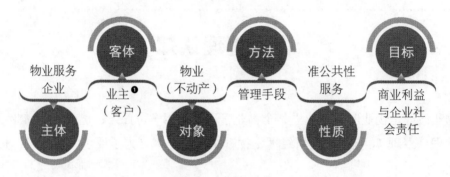

构成物业管理行业根本属性的基本要素

服务是物业管理的本职，管理就是周而复始、不厌其烦、不断改进和坚持、创新的过程。管理无小事，但有主次、轻重之分，往往细节决定成败。物业经理作为物业项目管理的第一负责人，是物业项目成功运营的关键所在。在物业管理行业越来越规范化、标准化、法治化以及竞争越来越激烈的情况下，作为一名优秀的物业经理应该对自身角色有着明确定位，即物业经理既是信息传递者，也是人际关系处理者和项目决策制定者，应该具备更强的个人综合素质，热爱物业管理行业，懂管理，善经营，还要有创新意识和服务意识。

---

❶ 后文将业主与客户统一称为业户。

物业管理体系建设

物业管理体系是指物业管理处对其组织结构、职能分工、规章制度、服务标准、质量控制等方面进行的系统化安排。一个完善的物业管理体系可以提高物业管理的效率和质量，提高物业管理处的竞争力和信誉，提升业户的满意度和忠诚度。

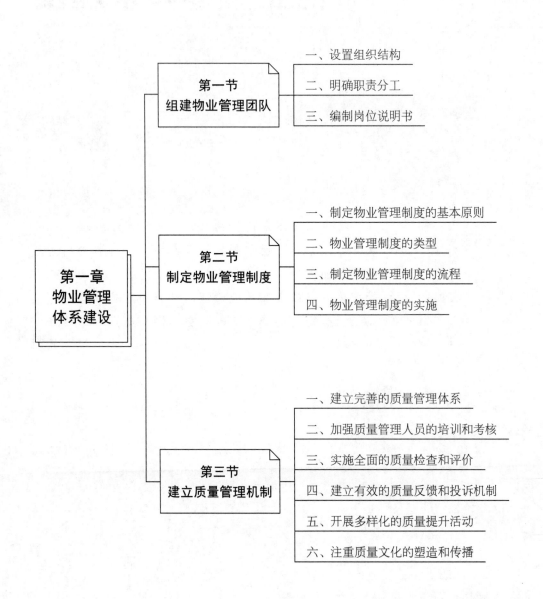

第一章
物业管理
体系建设

第一节
组建物业管理团队
一、设置组织结构
二、明确职责分工
三、编制岗位说明书

第二节
制定物业管理制度
一、制定物业管理制度的基本原则
二、物业管理制度的类型
三、制定物业管理制度的流程
四、物业管理制度的实施

第三节
建立质量管理机制
一、建立完善的质量管理体系
二、加强质量管理人员的培训和考核
三、实施全面的质量检查和评价
四、建立有效的质量反馈和投诉机制
五、开展多样化的质量提升活动
六、注重质量文化的塑造和传播

第一节　组建物业管理团队

物业管理处要想长期稳定地发展，必须有一支结构合理、专业齐全、相对稳定的团队。对此，物业经理应根据管理处的规模和特点，合理设置组织结构和职能分工，明确各级领导和员工的职责和权限，形成有效的沟通和协调机制，组建一支高效的队伍。

一、设置组织结构

组织结构是关于企业在运营过程中涉及的目标、任务、权利、操作以及各要素之间的相互关系的系统。具体内容包括：企业各部门的结构、岗位设置、岗位职责以及岗位描述等。设置组织结构的目的在于协调好企业部门与部门之间、员工与任务之间的关系，使员工明确自己在公司中应有的权、责、利，以及工作形式、考核标准，有效地保证组织活动开展，最终保证组织目标实现。

> 💡 **小提示**
>
> 组织结构决定着组织行为，直接影响企业战略的执行，所以必须根据企业的实际情况，为企业设计与其相匹配的组织结构，达到充分发挥企业能力的目的。

具体来说，物业管理处的组织结构应根据管理服务的总体设想以及所管辖区域的规模、管理重点及要点，依据精干高效的原则来设置。各单位、部门和岗位，都必须从系统的角度出发，对照企业目标明确自己工作的内容、标准和要求，以及所能支配的资源，按照既定标准和要求，对所获资源的配置方式进行选择，行使决策权，并承担相应的责任。

目前，大多数物业管理处都采用如图1-1所示的组织结构。

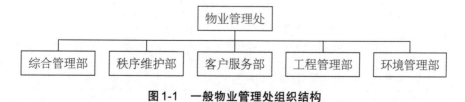

图1-1　一般物业管理处组织结构

按图1-1所示的结构，其人数配置标准如表1-1所示。

表1-1　物业管理人员配置标准

模块	岗位	10万平方米以下	10万～20万平方米	20万～30万平方米	30万～40万平方米	40万平方米以上	备注
综合管理部	综合管理主管	1人	1人	1人	2人	2人	
	人事专员	1人	1人	1人	1人	1人	
	行政专员	1人	1人	1人	1人	1人	
	品质专员	0	1人	1人	1人	1人	
	经营专员	0	1人	1人	1人	1人	
秩序维护部	秩序维护主管	1人	1人	1人	1人	2人	40万平方米以下设置1人；40万平方米以上设置2人
	秩序维护班长	1岗	2岗	2岗	2岗	3岗	10万平方米以上设置班长岗位2个，1岗4人
	门岗	1岗	2岗	2岗	2岗	3岗	人工值守的门岗为1门1岗，1岗4人
	监控岗	1岗	1岗	1岗	1岗	1岗	1个项目只设置1个监控中心，下设2个岗位，1岗2人
	巡逻岗	1岗	2岗	3岗	4岗		每10万平方米配置一个巡逻岗，1岗4人
	机动岗	每5名秩序维护员增加1名机动秩序维护员					
客户服务部	客服主管	1人	1人	1人	1人	2人	
	客服专员	3人	3人起，在10万平方米基础上每增加5万平方米增加1人				
工程管理部	工程主管	1人	1人	1人	1人	2人	
	设备维护专员	3人	10万平方米以下设置设备维护专员3人，每增加15万平方米增加1人				
	综合维修专员	2人	10万平方米以下设置综合维护专员2人，每增加5万平方米增加1人				
	二次装修专员	每4万平方米设置1人					
环境管理部	环境主管	1人	1人	1人	1人	2人	
	环境领班	每10名保洁/绿化员配置1人					
	保洁员	每8000平方米管理面积配置1人					
	绿化员	每6000平方米绿地面积配置1人					

当然，不同规模的物业管理处，其组织结构的设置也不尽相同。物业经理须根据所管理项目的实际情况来进行设置。

下面是一份××物业管理处组织结构设置范本，仅供参考。

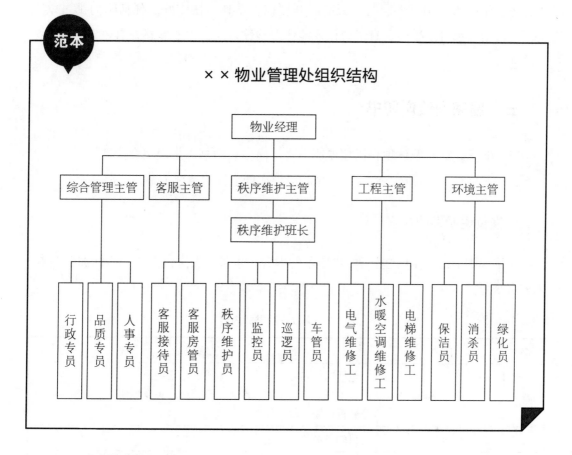

二、明确职责分工

无论企业规模大小，只有做好内部结构的规划和人员的安排，才能使企业健康稳定地发展。对于物业管理处来说，同样如此。为了使物业管理团队更好地服务业户，物业经理应明确各岗位的职责，做好项目团队的分工与协作工作。

1.职责分工

一个团队的各项任务能否顺利完成，关键看员工的执行力，而员工执行力的发挥，取决于组织对员工的分工。分工合理，能调动员工的积极性，分工不合理，便会扼杀员工的积极性。

分工明确，能够最大限度地实现人力资源的有效配置，使员工人尽其才，工作岗位与能力相匹配，从而优化整个团队的人员配置。

2.相互协作

在合理分工的前提下，物业管理团队又必须相互协作，特别是在特殊情况下，如任务重、阻力大、困难多、时间紧的时候更需要协作。协作好了任何阻力都可以克服，任何困难都可以战胜。有了协作才能体现整体效能，才能提高办事效率，甚至创造奇迹。

三、编制岗位说明书

岗位职责，最终要体现在岗位说明书上。岗位说明书，是表明企业期望员工做些什么，员工应该做些什么，应该怎么做和应该在什么样的情况下做的总汇。

1.岗位说明书的内容

岗位说明书通常主要包括表1-2所示的内容，也可依据岗位工作的目标加以调整，内容可繁可简。

表1-2　岗位说明书的内容

序号	内容	具体说明
1	岗位基本资料	包括岗位名称、岗位工作编号、汇报关系、直属主管、所属部门、工资等级、工资标准、所辖人数、工作性质、工作地点、岗位分析日期、岗位分析人等
2	岗位分析日期	目的是避免使用过期的岗位说明书
3	岗位工作内容	概述说明岗位工作的内容，并逐项说明岗位工作活动的内容，以及各活动内容所占时间的百分比，活动内容的权限，执行的依据等
4	岗位工作责任	包括直接责任与领导责任（非管理岗位则没有此项内容），要逐项列出任职者的工作职责
5	岗位资格	即从事该项岗位工作所必须具备的基本资格条件，主要有学历、个性特点、体力要求以及其他方面的要求等

 小提示

岗位说明书最好是根据物业管理处的具体情况进行编制，而且在编制时，要注意文字简单明了、浅显易懂；内容要越具体越好，避免形式化、书面化。

2.岗位说明书的形式

岗位说明书是针对一个岗位编制的一份书面材料，其形式可以是表格，也可以是文字叙述。

【实战工具01】 ▸▸▸ --

岗位说明书模板

一、岗位基本信息					
岗位名称		所属部门		岗位编号	
岗位类别		岗位级别		工资等级	
岗位定编		直接上级		编制日期	
直接下属				人数	
间接下属				人数	

二、岗位概述

三、岗位职责

四、工作权限

五、工作协调关系

六、任职资格

七、其他工作情况	
工作场所	
工作环境	
工作时间	
出差情况	
备注	

3.岗位说明书的修订

在实践中，随着企业规模的不断扩大，编制好的岗位说明书还要在一定的时间内进行一定程度的修正和补充，以便与企业的实际发展状况保持同步。

下面是一份××物业管理公司××管理处各岗位说明书的范本，仅供参考。

范本

××物业管理公司××管理处岗位说明书

1.客服主管岗位说明书

客服主管岗位说明书

基本资料					
职位名称	客服主管	职位代码		职位类别	管理人员
所属部门	客户服务部	定员人数	1人	分析时间	

工作内容		
1.工作概要：按照公司目标，负责物业服务的控制和实施，包括对业户关系、服务的实施、投诉处理、物业管理服务咨询、信息收集等进行控制和管理		
2.工作内容概述		

序号	具体职责表述	负责程度
1	负责对客户服务部服务质量的控制和检查工作	全责
2	负责对客户服务部公开文件的控制和管理	全责
3	确保客户服务部有完整的工作程序，有效履行岗位职责，执行工作标准	全责
4	制订客户服务部年度预算，控制本部门收支平衡	全责
5	负责本部门安全和日常质量管理工作，检查和督促各岗位人员严格按照工作规程和工作标准工作，实施规范作业，并协助下属员工解决其汇报的疑难问题	全责
6	拟订本部门培训计划，并监督实施，提高员工的整体素质	全责
7	负责本部门与其他部门的协调联系，不断开发新的服务项目	全责
8	定期拜访业户，征求业户意见，建立良好关系，树立公司形象，提高公司声誉	全责
9	处理业户重大投诉，采取果断有效的措施控制事态发展，及时将处理结果及业户意见以书面形式上报物业经理、总经理	全责
10	负责征询业户意见活动的策划和组织，以及社区节日装饰、活动方案的策划和组织	全责

续表

工作权限：

  1.负责本部门员工工作业绩考核；

  2.对本部门员工的招录、解聘和奖惩有建议权；

  3.负责本部门成本指标的控制

工作及关系沟通	
直接上级	物业经理
直接下属	客服接待员、客服房管员
内部沟通关系	总经理、物业经理、公司员工
外部沟通关系	业户、政府职能部门

2.客服接待员岗位说明书

客服接待员岗位说明书

基本资料				
职位名称	客服接待员	职位代码	职位类别	员工
所属部门	客户服务部	定员人数	分析时间	

工作内容		
1.工作概要：负责业户来电来访的接待工作		
2.工作内容概述		
序号	具体职责表述	负责程度
1	接待业户上门咨询和投诉，接听业户的咨询和投诉电话，解答和处理业户的咨询和投诉，并记录于值班记录表上，及时将需要处理的问题知会相关人员，跟踪处理结果，向业户反馈	全责
2	按照工作流程与要求为业户办理入住手续，指导业户规范填写入住资料，每天下班前将资料整理、核对后存档	全责
3	负责办理业户装修手续，按照规定收集相关资料，严格审核装修施工单位的资质及装修施工人员的有效证件，与业户签订装修管理协议，为施工人员办理装修施工许可证、出入证，并做好记录，每天下班前将资料整理、核对后存入业户档案，知会秩序维护部、工程管理部	全责
4	负责办理车位的租赁、交付手续，认真核实车主的资料，与业户签订停车场车位租赁协议、停车场管理协议，将资料录入电脑并发放停车卡，并做好登记工作；每天将资料整理、核对后存入业户档案，知会秩序维护部	全责
5	负责保管部门专用的业务章，严格执行印章管理规定，及时详细登记印章使用情况	全责

续表

序号	具体职责表述	负责程度
6	协助财务部进行各项费用的现金收缴工作，协助财务部进行各类发票、收据的收发、核销工作，妥善保管所存票据，及时将票根交给财务部，核对数量	全责
7	每周统计业户入住情况、装修办理情况、维修处理情况、业户投诉处理情况和其他业务信息，定期上报客服主管	全责
8	定期向客服主管汇报当月工作情况，定时与同事进行业务交流	全责
9	按照公司档案管理制度，做好各类文件的分类、建档工作，包括业户资料、服务中心各类文件资料等；做好档案完善、更新、借阅管理 按照公司钥匙管理制度，管理好业户委托保管的钥匙、未取走的钥匙，认真填写钥匙借用记录，钥匙每月核对一次	全责
10	当天回访所有业户报修、求助或投诉，未能按时完成的须及时上报部门主管	全责
11	每周进行来访或求助统计，上报客服主管	全责

工作权限：有权对发生在工作职责范围内的事件进行处理

工作及关系沟通	
直接上级	客服主管
直接下属	无
内部沟通关系	客服主管、房管员、公司员工
外部沟通关系	业户、施工人员

3.环境主管岗位说明书

环境主管岗位说明书

基本资料				
职位名称	环境主管	职位代码	职位类别	管理人员
所属部门	环境管理部	定员人数	分析时间	

工作内容		

1.工作概要：全面负责协调辖区内的清洁卫生以及环境绿化等方面的各项工作

2.工作内容概述

序号	具体职责表述	负责程度
1	制订辖区范围内绿地的养护、改造、扩建及绿化设施维护保养计划	全责
2	审核清洁、绿化、消杀等分包方的工作指标和计划	全责
3	召开清洁绿化例会或专题会议	全责

续表

序号	具体职责表述	负责程度
4	制订本部门员工培训计划,评估培训效果	全责
5	负责辖区绿化工程施工期间的监理工作,确保施工质量。参与绿化工程竣工验收和交接工作,接收绿化资料	全责
6	检查监督清洁、绿化和消杀工作,指出不合格事项,跟进改善状况	全责
7	处理清洁、绿化、环境消杀工作中出现的突发事件	全责
8	协调清洁、绿化、消杀等分包方,处理相关事宜	全责
9	编写清洁、绿化、消杀等分包工作的年中、年终工作总结和评估报告	

工作权限:

1. 负责下属员工工作业绩考核;

2. 对本部门员工的招录、解聘和奖惩有建议权;

3. 有权对发生在职责范围内的事务进行处理

工作及关系沟通	
直接上级	物业经理
直接下属	清洁员、绿化员、消杀员
内部沟通关系	总经理、物业经理、各部门主管
外部沟通关系	当地环保局、环卫处,保洁公司、绿化公司、专业消杀单位

4.绿化员岗位说明书

绿化员岗位说明书

基本资料				
职位名称	绿化员	职位代码	职位类别	员工
所属部门	环境管理部	定员人数	分析时间	

工作内容		

1.工作概要:辖区内的绿化建设与维护

2.工作内容概述

序号	具体职责表述	负责程度
1	熟悉辖区内的绿化布局和花木的品种、数量、生长特点和培植管理技术,采用科学的养护方法	全责
2	熟悉园林工具的使用和简单的维修养护	全责
3	及时修补、扶植、更换遭受意外损伤或长势不良的花木	全责
4	对缺水、缺土、缺肥、有病虫害的植物,及时浇灌、培土、施肥、杀虫及拔草,保证植物生长茂盛	全责

续表

序号	具体职责表述	负责程度
5	对造型树木、花篱、花球、花丛要及时修剪，保持良好的造型	全责
6	及时修剪枯枝枯叶，发现衰老植物要及时更新复壮	全责
7	保持绿化带清洁，绿化区内不留杂草、杂物；定期或不定期检查绿化草坪完好情况、花草树木生长情况并做好相关记录	全责
8	发现人为踩踏草地、攀花折木等破坏绿化的现象，及时予以劝阻，对情节严重者，按相关规定处理	全责

工作权限：有权对发生在职责范围内的事务进行处理

工作及关系沟通	
直接上级	环境主管
直接下属	无
内部沟通关系	环境主管、公司员工
外部沟通关系	绿化管理单位

5.秩序维护主管岗位说明书

秩序维护主管岗位说明书

基本资料					
职位名称	秩序维护主管	职位代码		职位类别	管理人员
所属部门	秩序维护部	定员人数		分析时间	

工作内容		

1.工作概要：负责辖区内正常的治安秩序，预防、发现、制止各种违法犯罪行为，保证业户的人身不受伤害、财产不受损失，生活、工作秩序不受意外干扰

2.工作内容概述

序号	具体职责表述	负责程度
1	负责执行秩序管理的相关管理制度，包括秩序维护管理制度、辖区车辆管理制度、消防管理制度、秩序维护员值班巡查管理制度，并负责监督相关制度的执行	全责
2	组织部门人员做好辖区内的秩序维护工作，预防、制止破坏辖区内公共设施的行为，防止盗窃抢劫案件的发生，保护业户的人身财产安全	全责
3	根据物业公司的相关规定和辖区内车辆管理制度，做好辖区内机动车、非机动车的分类管理工作，做好停车场内的车位划分、标识及车辆防盗、防破坏工作	全责
4	组织秩序维护员进行消防安全值班巡查，明确防火安全责任，宣传消防知识，负责辖区内公共消防设施和器材的管理、维修、保养、更新	全责

续表

序号	具体职责表述	负责程度
5	带领本部门人员协助政府相关部门做好电梯故障、火灾等紧急情况的处理，做好雷雨、暴雪、台风等恶劣天气环境下的辖区安全管理工作	全责
6	及时与公司内部相关部门沟通联系，调节秩序维护员、车场管理员与业户的关系，加强与当地公安机关的联系	全责
7	负责本部门日常事务的审批与决策，审核本部门每月物料的耗用情况，及时处理异常现象，做好秩序维护器材的检查保养工作	全责
8	加强巡岗，制止和纠正秩序维护员擅自离岗、迟到、早退等纪律松散现象，每月审核本部门员工出勤情况，负责本部门人员增减的申请，抓好本部门人员的培训和学习工作，协助人事部门做好部门员工的绩效考核	全责

工作权限：

1. 负责下属员工工作绩效考核；
2. 对下属员工的招录、解聘和奖惩有建议权；
3. 有权对发生在工作职责范围内的事务进行处理

工作及关系沟通	
直接上级	物业经理
直接下属	秩序维护班长、秩序维护员
内部沟通关系	物业经理、各职能部门员工、下属员工
外部沟通关系	业户、公安机关、进出辖区的外部人员

6.秩序维护员（巡逻岗）岗位说明书

秩序维护员（巡逻岗）岗位说明书

基本资料				
职位名称	秩序维护员（巡逻岗）	职位代码		职位类别	员工
所属部门	秩序维护部	定员人数		分析时间	

工作内容		
1.工作概要：进行辖区内的人员出入管理、巡查工作，及时发现干扰辖区秩序、不符合消防安全的行为，以及治安隐患等，并采取有效措施予以制止；对于情节严重或不听劝阻的，应及时上报班长		
2.工作内容概述		

序号	具体职责表述	负责程度
1	按照公司的相关规定，制止未经允许的人员、车辆进入管辖区域；按规定对进入管辖区域的人员、车辆及所携带或装载的物品，进行检查和登记	全责
2	在值勤时，及时发现可疑的人、事、物，预防治安案件的发生；有权抓获杀人、放火、抢劫、盗窃等现行违法犯罪分子，并扭送公安机关	全责

续表

序号	具体职责表述	负责程度
3	对发生在辖区内的刑事案件、治安案件、灾害事故现场进行保护，并如实向公安机关反映情况	全责
4	熟悉、保护辖区内配套的公共设施、机电设备、消防器材，熟练掌握各种消防器材的使用方法	全责
5	宣传公司的相关规定，协助做好辖区内的三防（防火、防盗、防破坏）工作，落实各项安全防范措施，发现不安全因素或事故隐患应及时汇报，协助整改	全责
6	积极配合保洁、绿化、工程维修等其他服务，制止违章行为、破坏行为，不能制止的应及时上报，积极协助公安机关开展各项治安防范活动或行动，完成各项服务工作	全责

工作权限：有权对发生在职责范围内的事务进行处理

工作及关系沟通	
直接上级	秩序维护班长
直接下属	无
内部沟通关系	秩序维护主管、秩序维护长、部门内员工、其他部门员工
外部沟通关系	业户、公安机关、进入辖区的外部人员

7. 工程主管岗位说明书

工程主管岗位说明书

基本资料				
职位名称	工程主管	职位代码	职位类别	管理人员
所属部门	工程管理部	定员人数	分析时间	

工作内容

1. 工作概要：负责工程管理部的全部工作，做好工程人员的管理和工作安排，保证辖区内所有硬件设施设备的正常运行，以最低的费用开支管理辖区的机电设备。

2. 工作内容概述

序号	具体职责表述	负责程度
1	负责组织制订、修订物料调配、设备维护与维修的各项规章制度，上报物业经理审批后监督实施；组织制订本部门各岗位规范及操作规程，督促检查下属的执行情况；组织拟订设备管理、操作、维护的各种程序文件和技术标准	全责
2	审查设备检修计划及设备年度、季度、月度保养计划，并督促、检查落实情况；组织制订设备重大维修保养计划及备件购进计划，并实施；审查各专业系统工作计划，进行统筹安排与人力调配	全责

续表

序号	具体职责表述	负责程度
3	负责设施设备的安装验收、安全运行管理工作，配合相关部门进行所辖物业及新增项目的接管验收工作	全责
4	根据公司要求，做好工程管理部预算，监督及控制本部门的费用开支，以最低的成本保证辖区内各项设备的正常运行	全责
5	领导部门员工对业户的装修方案进行审批与装修验收工作	全责
6	对于属于工程管理部责任范围的重大投诉，安排人员及时处理；对于突发性的重大事故，及时上报物业经理、总经理，同时安排人员处理，将损失降低到最小	全责
7	负责协调好与供电、给排水、消防等有关单位的关系，在与各单位的联系和接触中维护公司在社会上的信誉和良好形象	全责
8	挑选和配备下属各专业岗位的管理人员，培养和巩固骨干队伍，切实保障所有机电设备的安全运行和装修设施的完好；对下属员工进行考核、技术指导、业务培训等，保证为业户提供优质服务	全责

工作权限：

1.负责本部门员工工作业绩考核；

2.对本部门员工的招录、解聘和奖惩有建议权；

3.负责本部门成本指标的控制

工作及关系沟通	
直接上级	物业经理
直接下属	电气维修工、水暖空调维修工、电梯维修工
内部沟通关系	总经理、物业经理、各部门主管、部门内员工
外部沟通关系	供电、给排水、消防等有关单位、业户

8.电气维修工岗位说明书

电气维修工岗位说明书

基本资料					
职位名称	电气维修工	职位代码		职位类别	员工
所属部门	工程管理部	定员人数		分析时间	
工作内容					

1.工作概要：在工程主管的领导下开展工作，对辖区内各类供电设施和供电线路进行日常检查、维护，准确掌握电力设备运行状况，及时消除隐患；承担业户用电故障维修业务，确保业户正常用电

2.工作内容概述

续表

序号	具体职责表述	负责程度
1	根据公司相关操作规范要求，对辖区内的电气设备、电路管线等进行检查维修，密切注意各仪表的工作情况，正确记录各项运行数据并认真填写报表，发现问题及时向工程主管汇报，确保各种电力设施正常运转，确保用电安全	全责
2	依照公司的相关制度及工作流程，在约定时间上门为业户提供电力故障维修服务，快速查出故障原因，排除故障，认真填写维修单，并协助业户做好维修后的清洁工作	全责
3	坚守工作岗位，辖区内的电力设备、电路系统突发故障时，要在最短时间内到达事故地点，及时排除故障，恢复正常供电，对于自己无法处理的故障，要及时向主管汇报，并协助主管开展工作，确保故障及时排除	全责
4	依据国家相关电力设备运行规范要求和公司相关规定，定期对电力设备和电路运行的总体状况进行检查评估，形成评估报告，报工程主管。经上级领导审批，对老化及可能存在隐患的设备进行处理，防患于未然	全责

工作权限：有权对发生在职责范围内的事务进行处理

工作及关系沟通	
直接上级	工程主管
直接下属	无
内部沟通关系	工程主管、部门内员工、其他部门员工
外部沟通关系	业户

第二节　制定物业管理制度

　　管理制度是物业经理规范化管理团队的有效工具，可以对各个部门、岗位的运行准则进行很好的界定，它能够使整个团队的管理体系更加规范，使每个员工的行为受到合理的约束与激励，做到有规可依、有规必依、执规有据、违规可纠、守规可奖。

一、制定物业管理制度的基本原则

一个企业制定的制度必须是规范的，必须符合企业科学管理原理和企业行为涉及的每一个事物的发展规律和规则，没有规范的制度，就没有规范的制度执行过程。对于物业管理处来说，制定的制度应遵循图1-2所示的四大基本原则。

图1-2　制定制度的基本原则

1.可操作性

制度的可操作性是指在编制制度时应从业务实际需求和管理规律出发，以现有体系和制度为基础逐步地进行优化和完善，特别要注意的是，编制制度时不能脱离当前管理体系、人员素质、文化习惯，对制度进行彻底变革，否则制度不但很难具有可操作性，还可能带来较大的管理风险。

2.系统性

制度的系统性是指在编制制度时要坚持全面统一的原则，要从全局的角度出发，避免出现相互矛盾的情况，保证制度体系整体的协调顺畅。

3.合法性

制度的合法性是指制度不能与法律法规发生冲突，否则不具备法律效力。

4.平等性

制度的平等性是指编制的制度对各级管理层都应该一视同仁，不能因职位高低等而有所区别，应坚持责任、权限、利益相一致的原则。权利与义务不均衡是推进规范化管理的大敌，不平等的制度必将引起内部的矛盾与冲突，影响企业正常工作的开展。

二、物业管理制度的类型

物业管理制度种类繁多，按其内容来分主要包括表1-3所示的几类。

表1-3　物业管理制度的类型

序号	类型	具体制度
1	行政	员工守则、岗位责任制、考勤管理制度、行政管理制度、档案（文件）管理制度、培训制度、人事管理制度、绩效考核制度、财务管理制度、风险防范制度等
2	业务	业户来访及接待制度、值班管理制度、消防管理制度、外来人员管理制度、投诉及回访管理制度、收发管理制度、业户档案及信息管理制度、收费管理制度、业户服务管理制度、业户入伙管理制度等
3	工程维修	高压操作管理制度、供暖设备设施管理制度、中央空调管理制度、二次供水管理制度、设备设施维修保养制度、设备设施日常巡检制度、楼宇建筑巡检制度、设备机房管理制度、装修管理制度、入户维修管理制度、备件库房管理制度、图纸及设备档案管理制度、电梯管理制度等
4	秩序维护	人员进出管理制度、物品进出管理制度、小区及楼宇安全巡视制度、消防及中控值班制度、岗位交接班管理制度、车辆管理制度、停车场及停车管理制度、消防设备巡检制度等
5	绿化保洁	保洁管理制度、绿化管理制度、消杀管理制度等环境管理制度
6	管理预案	突发事件应急预案、消防应急预案、汛期防汛应急预案等

三、制定物业管理制度的流程

制定企业管理制度的过程，是领导同员工共同协作，反复进行调查研究的过程；是发动员工进行自我教育、参与企业民主管理，提高员工素质的过程；是总结企业的历史经验与学习成功企业的先进经验，探索企业管理的新方法，提高管理水平的过程。

一般来说，物业经理在制定物业管理制度时应该遵循图1-3所示的基本流程。

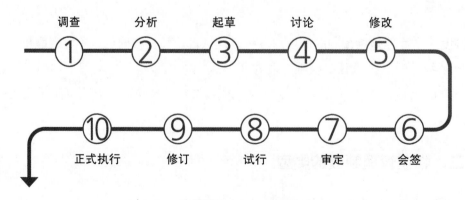

图1-3　制定物业管理制度的流程

物业管理制度的制定，要以充分的调查，认真的分析研究为基础。起草草案要先列框架，标注重点，列明和其他制度的关联性，有的还要考虑如何解决新制度与其他制度有冲突的问题，然后再完善内容，让语言更严谨、内容更合法、合理。草案形成以后，发放给有关部门进行反复讨论、缜密修改，经过有关部门会签和领导审定后，在小范围内试行。根据试行中暴露出的问题，对制度认真进行修订后才能正式执行。重要的规章制度，还应提交股东大会、董事会或职工代表大会审议，并报上级主管部门批准。遵循上述基本程序制定出的管理制度才能够切合实际，具有权威性，并得到更好的贯彻执行。

四、物业管理制度的实施

企业制定制度的目的是实施制度，使制度作为管理的一部分为组织目标服务。物业经理制定制度固然不易，但实施制度难度更大。保证制度实施也是物业经理管理工作的一个重要内容。

1.制度实施的组织保证

制度实施的组织保证是指能使制度贯彻执行的客观条件和环境条件，主要如图1-4所示。

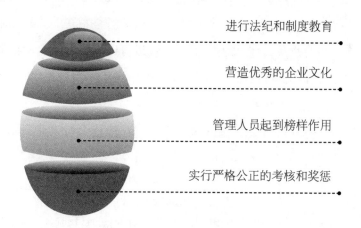

进行法纪和制度教育

营造优秀的企业文化

管理人员起到榜样作用

实行严格公正的考核和奖惩

图1-4　制度实施的组织保证

（1）进行法纪和制度教育

物业经理要坚持不懈地对全体员工进行法纪和制度教育，通过各种形式培养员工的规范意识和制度观念，使员工对法纪、制度有一个深刻全面的认识，树立法纪、制度意识，并把这种意识作为自我约束的动机，自觉规范自己的行为。

小提示

物业经理可通过宣传、组织学习来提高员工的规范意识，一个人只有意识提高了，观念改变了，才会改变自己的行为，从而改变自己。

（2）营造优秀的企业文化

企业文化可以塑造全体员工的价值观念和共同信念。企业文化对实施制度有两方面的作用，如图1-5所示。

作用一　优秀的企业文化能使员工在良好风气的熏陶中不断得到优化和激励，使企业形成一种自觉执行制度的风气，使工作井然有序，遵章守纪蔚然成风

作用二　企业文化对组织行为的影响，能使非正式组织的群体行为和组织要求相吻合，从而产生执行制度的群体行为

图1-5　企业文化对实施制度的作用

（3）管理人员起到榜样作用

管理人员是员工争先效仿的对象，对员工有着非常大的影响，因此管理人员注重自身形象，带头执行好各项制度，会对员工产生一种潜移默化的积极影响。反之，如果管理人员不注重自身形象或带头违反制度，就极有可能导致整个部门制度执行力的下降，形成较差的管理局面和结果。

（4）实行严格公正的考核和奖惩

制定了制度后，物业经理要对制度执行情况进行检查考核来保证制度的实施。了解制度执行情况的重要手段如图1-6所示。

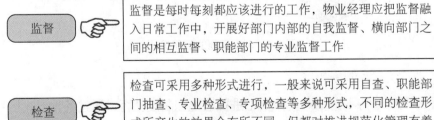

监督　监督是每时每刻都应该进行的工作，物业经理应把监督融入日常工作中，开展好部门内部的自我监督、横向部门之间的相互监督、职能部门的专业监督工作

检查　检查可采用多种形式进行，一般来说可采用自查、职能部门抽查、专业检查、专项检查等多种形式，不同的检查形式所产生的效果会有所不同，但都对推进规范化管理有着不可忽视的作用

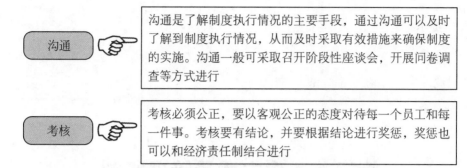

沟通 👉 沟通是了解制度执行情况的主要手段，通过沟通可以及时了解到制度执行情况，从而及时采取有效措施来确保制度的实施。沟通一般可采取召开阶段性座谈会，开展问卷调查等方式进行

考核 👉 考核必须公正，要以客观公正的态度对待每一个员工和每一件事。考核要有结论，并要根据结论进行奖惩，奖惩也可以和经济责任制结合进行

图1-6　了解制度执行情况的重要手段

2.制度实施的主观条件

制度实施的主观条件是指制度执行者的自身条件，主要包括图1-7所示的两个方面。

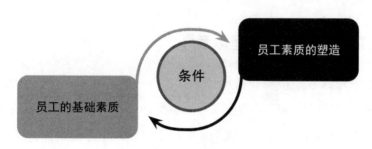

图1-7　制度实施的主观条件

（1）员工的基础素质

物业管理处在招聘员工前应确定员工基础素质标准。基础素质好的员工较易于塑造，也就具备了执行制度的原始素质。

（2）员工素质的塑造

素质塑造是一个艰难的过程，可通过图1-8所示的两个途径来实现。

图1-8　素质塑造的途径

小提示

在内因、外因的共同作用下，员工对制度的态度从外界制约升华到自觉要求，这样制度的实施才有可靠的保证。

第三节　建立质量管理机制

对于物业服务企业来说，质量管理是提升服务质量、拓展市场空间的有效手段。因此，物业经理有必要建立完善的质量管理体系和服务流程，加强服务质量的监控和指导，不断做好服务质量的持续改进和提升。

一、建立完善的质量管理体系

物业质量管理体系是指物业管理处为了保证和提高服务品质，而制定的一套规范、流程、标准和制度，涵盖了物业服务的各个环节和方面。建立完善的质量管理体系，可以使物业管理处的服务更加规范、有序、高效，也方便监督、评估和改进服务品质，从而提高管理水平和服务能力。

ISO 9001标准是对质量管理体系的要求。这种要求是通用的，适用于各种服务行业或部门所提供的各种类别的服务，包括硬件、软件服务。但是，不同的物业服务企业为符合ISO 9001标准的要求而采取的措施是不同的。因此，物业经理要根据自己的具体情况建立物业质量管理体系。

ISO 9001质量管理体系文件通常包括如下内容。

1.质量手册

质量手册主要阐明企业的质量方针、质量目标，描述企业的质量体系，对内是企业实施质量管理的基本法规，对外是企业质量保证能力的证明文件。

2.程序文件

程序文件是质量管理体系重要的组成部分，是为控制各项影响质量的活动而编制的各种文件，是质量手册的支持性、基础性文件，是对质量管理体系要素的策划，也是质量管理体系有效运行的主要条件和依据，即在物业服务项目管理的过程中，通过服务、经营、管理等行为让业户满意。

3.作业规程

程序文件的主要内容是由中间层依据质量手册，相互沟通应由哪一部门、哪些人，做哪些事，以及完成后流向哪一部门。

作业规程是企业质量管理体系文件的展开和细化。它是依据物业管理工作的实际操作制定的，每一个作业规程均具体描述了一项具体的工作应当怎样进行或进行的依据、要求和规范，全部作业规程之和构成了整个物业管理服务工作的操作要求。

4.表格、记录

表格和记录用来印证该服务过程是否按照规定的要求完成，服务是否达到规定的标准，也用来证明质量管理体系是否在有效地运作。

二、加强质量管理人员的培训和考核

质量管理人员是物业管理处的骨干，他们负责建立、执行、监督和改进质量管理体系，对服务质量的提升起着关键作用。因此，物业经理要加强对质量管理人员的培训和考核，提高他们的专业素养和工作能力，使他们能够熟练掌握质量管理的理念、方法和技巧，有效地解决质量管理中存在的问题，不断地创新和优化质量管理。

三、实施全面的质量检查和评价

物业质量检查和评价是指物业管理处通过各种方式和手段，对服务过程和服务结果进行定期或不定期的检查和评价，以了解服务质量的现状、问题和改进方向。实施全面的质量检查和评价，可以使物业管理处及时发现和纠正服务中存在的不足和缺陷，也可以激励和奖励服务中表现优秀的人员和团队，从而促进服务质量的持续提升。

四、建立有效的质量反馈和投诉机制

质量反馈和投诉机制是指物业管理处通过各种渠道和方式，收集、处理和回应业户对服务质量的反馈意见和投诉建议，以加强与业户的沟通交流，提升业户的参与感和满意度。建立有效的质量反馈和投诉机制，可以使物业管理处及时了解业户的需求和期望，也可以及时解决业户遇到的问题和困难，从而增强业户对物业管理处的信任和支持。

五、开展多样化的质量提升活动

质量提升活动是指物业管理处为了提高服务质量而开展的各种形式和内容的活动，包括内部培训、交流学习、竞赛评比、经验分享等。开展多样化的质量提升活动，可以使物业管理处不断地更新知识、学习技能、借鉴经验、激发创意，也可以增强员工之间的合作精神和团队凝聚力，从而提高服务水平，增强服务效果。

六、注重质量文化的塑造和传播

质量文化是指物业管理处在长期的服务实践中形成的一种以业户为中心，以优质为目标，以持续改进为动力的价值观念、行为规范和组织氛围。注重质量文化的塑造和传播，可以使物业管理者形成一种良好的品质意识、责任感和自豪感，也可以树立一种良好的企业形象，维护企业声誉和口碑，从而增强物业服务企业在市场上的竞争力。

第二章

人力资源管理

　　物业行业是一个人力密集型行业，人力资源管理对于物业服务企业的发展至关重要。物业服务企业的核心竞争力来自优秀的员工团队，而人力资源管理是确保员工能够发挥最大潜力的关键环节。

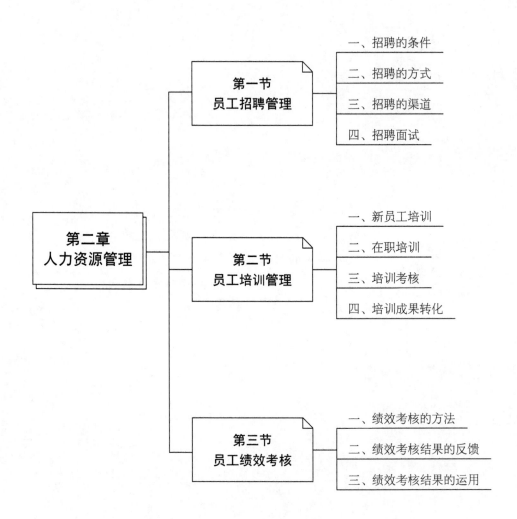

第二章
人力资源管理

第一节
员工招聘管理
一、招聘的条件
二、招聘的方式
三、招聘的渠道
四、招聘面试

第二节
员工培训管理
一、新员工培训
二、在职培训
三、培训考核
四、培训成果转化

第三节
员工绩效考核
一、绩效考核的方法
二、绩效考核结果的反馈
三、绩效考核结果的运用

第一节　员工招聘管理

员工招聘是指根据人力资源规划和工作的需求，把具有一定素质和能力的人才吸引到企业空缺岗位上，以满足企业的人力资源需求的过程。有效的招聘工作，不仅有助于企业经营目标的实现，还能加快人才集聚，增强企业核心竞争力。

一、招聘的条件

公开招聘员工之前，应成立一个招聘小组，做好招聘前的准备及招聘活动的实施等一系列工作。招聘前的准备工作主要是制订招聘计划和起草各种招聘文书。制订招聘计划的实质是拟订人员补充政策，目的是使物业管理处能合理地、有目标地在中长期内将所需数量、质量的人员补充到空缺或可能空缺的职位上。

物业管理处通常划分为决策层、管理层和操作层三个层级，为了使各层级人员的招聘条件切合实际，物业经理在招聘时必须根据各层级人员的知识与能力结构来招聘，具体如表2-1所示。

表2-1　各层级人员的知识与能力结构

层次	必备知识	必备能力
决策层	（1）了解房屋结构及设备、设施等的修缮 （2）了解房地产有关理论，掌握房地产开发、经营、管理、估价等的基本知识 （3）了解有关物业管理方面的法律知识 （4）熟悉计算机应用的相关知识 （5）熟悉房屋完损等级评定标准和安全管理基本知识 （6）熟悉国家和本地区的物业管理法律法规、政策，掌握物业管理的基本理论与实务 （7）掌握物业服务企业经营管理的相关知识	（1）具有制订物业服务企业长期发展规划、建立健全企业管理制度的能力 （2）掌握各部门业务及运作状况，熟悉企业财务、税收状况和市场变化情况，具有经营决策能力 （3）具有综合组织和协调能力，具有公关、谈判及建立业务关系的能力 （4）具有处理突发事件的能力 （5）具有计算机应用能力
管理层	（1）了解房地产有关理论和开发经营管理等的基本知识 （2）熟悉物业管理的基本理论和有关政策法规，掌握本地区有关物业管理的要求、计费规定等	（1）具有建立健全部门规章制度的能力 （2）具有制订工作计划并组织实施的能力

续表

层次	必备知识	必备能力
管理层	（3）掌握房屋完损等级评定标准、质量检测方法和安全管理的基本知识 （4）掌握物业管理的有关技术标准、管理标准等 （5）掌握房屋结构、设备、设施等维修管理的基本知识 （6）掌握计算机应用的相关知识	（3）具有及时处理房屋、设备、设施的抢修排险和火警、救护等突发事件的能力 （4）具有组织宣传教育等各类活动及处理一般矛盾的能力 （5）具有处理专项业务并能与相关机构沟通协调的能力 （6）具有熟练应用计算机技术进行管理的能力
操作层	能熟练掌握所从事岗位的专业技能	（1）能执行企业的各项规章制度及操作程序 （2）具有独立处理琐碎事物的能力 （3）具有较强的责任心、控制力，具有团队意识

二、招聘的方式

招聘作为企业吸纳人才的主要途径，科学的招聘方法不仅能为企业带来合适的人才，而且能够节约企业成本。不同的岗位对员工胜任力特征的要求有所差异，所以对于不同岗位在招聘方法上应有所区别，选择适宜的方法能够避免不必要的费用支出，从而降低招聘费用。

比如，对于技术人员（如工程部电工、维修人员等）的招聘，招聘结果与操作成绩的相关系数较大；而对于客服中心文员的招聘，招聘结果与笔试和面试的综合成绩的相关系数较大。

三、招聘的渠道

物业管理处的招聘渠道一般主要分为图2-1所示的两种。

一般来说，校园招聘不需要支付场地费用和广告费用，但是校园招聘的对象主要是没有工作经验的大学毕业生，有长期人才规划的企业采用校园招聘的方式网罗优秀人才比较合适；对于技术人员的招聘，一般需要应聘者有一定的工作经验，采用委托招聘和网络招聘的方式比较合适。总之，选对了合适的招聘渠道，就能有效地降低招聘的成本。

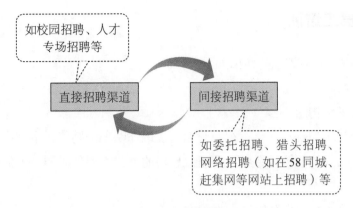

图2-1　常见的招聘渠道

四、招聘面试

面试是整个招聘工作的核心部分，招聘双方通过正式的交谈，物业经理能够客观地了解应聘者的语言表达能力、反应能力、个人修养、逻辑思维能力、业务知识水平、工作经验等情况，应聘者也能够更全面地了解企业信息和自己在企业的发展前景。如何提高面试的效率，通过面试准确地筛选适合的人才，是物业经理必须掌握的技能。

1.初试

初试主要是对应聘者进行初步评估，物业经理可以通过初试判断应聘者是否符合本企业的价值观等。这是选择合适员工的第一步，物业经理一定要高度重视。

2.复试

如果物业经理和人力资源部认为该员工初步符合岗位要求，可以安排复试，对该员工的实际工作水平进行详细的测试。

第二节　员工培训管理

为了适应市场经济发展的需要，物业经理要做好员工的培训工作，提高员工的工作技能水平，这样既能为企业提供最高效益，又能为业户提供最佳服务。

一、新员工培训

新员工入职前的培训主要包括如下内容。

① 企业的历史与业务。

② 企业组织结构图。

③ 企业福利（如五险一金、福利假期、夜班补贴、全勤奖、生日福利等）。

④ 业绩评估或绩效管理系统，即绩效评估的方式、评估时间、评估人和企业总体的绩效期望。

⑤ 发薪程序（每月发薪时间、发薪方式等）。

⑥ 岗位说明书和具体工作规范。

⑦ 员工体检日程安排和体检项目。

⑧ 职业发展信息（如潜在的晋升机会、职业通道、获得职业资源信息的途径）。

⑨ 基本的机械控制和操作安全培训。

⑩ 员工手册，企业政策、程序、财务信息。

⑪ 企业识别卡（徽章）、钥匙、电子邮箱账户等的获取，电脑、电话、停车位、办公用品等的使用规则等。

⑫ 岗位所需要的技术或其他与工作相关的信息。

⑬ 着装要求。

⑭ 工作之外的活动（如运动队、特殊项目等）。

⑮ 员工职业道德、敬业精神。

⑯ 消防安全知识。

⑰ 物业管理基础知识等。

二、在职培训

在职培训就是以在职员工为培训对象，旨在提高他们的知识水平、观念认识、工作技能、工作能力的一种培训方法。

1.在职培训的内容

对在职员工的培训必须具有针对性。一般来说，在职培训的内容主要如图2-2所示。

2.在职培训的形式

在职培训的形式多种多样，常见的形式有图2-3所示的几种。

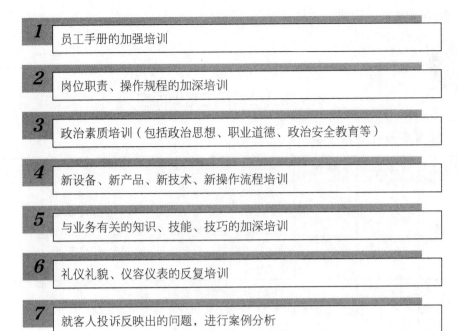

图2-2 在职培训的内容

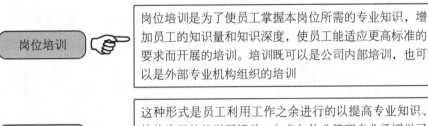

岗位培训	岗位培训是为了使员工掌握本岗位所需的专业知识，增加员工的知识量和知识深度，使员工能适应更高标准的要求而开展的培训。培训既可以是公司内部培训，也可以是外部专业机构组织的培训
业余学习	这种形式是员工利用工作之余进行的以提高专业知识、技能为目的的学习活动，如参加物业管理专业函授学习和自学考试、读夜校等，这种形式是提高物业管理从业人员素质的重要途径
专题培训	这种形式是物业管理处在采用新的管理方法或应用了新的设备、新的技术或制定了新的制度时，为保证新方法、新设备、新技术、新制度的正常应用而开展的培训。企业既可以自己组织，也可以派员工外出学习
脱产进修	这种形式主要用于培养企业紧缺人才，或高层次的管理人才、技术人才，由企业推选员工到高等院校、科研单位、典型企业去进修、学习。这种培训能切合企业的实际需要，是在职培训的重要方式之一

图2-3 在职培训的形式

下面是一份××物业公司员工培训内容的范本，仅供参考。

范本

××物业公司员工培训内容

1. 全员参与的培训内容

培训模块	模块内容	课程	课程内容	备注
导入篇	新员工入职培训	新员工入职培训	企业简介、企业使命、企业愿景、企业精神、企业作风、企业服务理念、企业价值观、企业标识、企业组织架构、业户活动、员工活动、公司制度、公司福利、公司项目介绍、体系文件等	
通用基础知识篇	物业管理人员角色认知与定位	物业管理概论	（1）物业管理的定义 （2）物业管理功能模块（例如保洁、绿化、客服、工程、协防等） （3）物业管理行业现状与发展趋势	
		公司物业项目运作	（1）公司整体营运流程 （2）整体营运流程中各职能系统的职责与协作关系 （3）公司物业管理系统运作，公司主要的物业管理岗位及其主要职责	
	自我管理	理念训导	（1）服务是我的天职 （2）业户永远是对的	
		仪容仪表	发型、脸部、口部、手部、饰物、着装、个人卫生、化妆等的要求	
		业户服务礼仪概述	（1）有礼走遍天下 （2）做个受欢迎的物业管理人 （3）亲切有礼宾主皆喜	
		礼仪标准	微笑、站姿、行走、路遇问候及回应、指示方向、引导、递交物品、敲门、目光、交谈、上下楼梯、取低处物品等的礼仪	
		人际沟通	（1）沟通的定义、内容、要素 （2）构建良好人际关系的重要性 （3）如何与上司、下属、平级同事、其他部门、业户沟通 （4）沟通案例分析（对物业管理日常工作中的典型沟通案例加以剖析、点评）	

续表

培训模块	模块内容	课程	课程内容	备注
通用基础知识篇	自我管理	时间管理	（1）为什么要进行时间管理 （2）职场常见时间管理误区 （3）高效工作流程 （4）常用的时间管理方法与技巧	
		职业道德	（1）什么是职业道德 （2）职业道德的基本规范	
	人员管理	团队建设	（1）个人、集体与团队——高绩效团队是怎样形成的 （2）个性、岗位与沟通——高效率管理沟通是怎样实现的 （3）激励、教练与无为——高水平领导艺术是怎样炼成的	
		部属培育	（1）部属培育的重要性 （2）部属培育的内容及时机 （3）部属培育的类型（新进员工培育、在职员工培育） （4）OJT（在职培训）教导训练方法，教导的五个步骤 （5）人才培养体系建设及学习竞争氛围营造	
系统专业知识篇	物业管理服务	物业项目管理方案	物业项目概况、管理档次、服务标准、管理方式等	
		管家式服务	管家式服务的概念及特色、人员配置、服务内容、服务咨询、服务模式（区域管家、贴身管家、维修管家）等	
		物业管理条例	（1）业户和业户大会 （2）前期物业管理 （3）物业管理服务 （4）物业的使用和维护（责任规定） （5）法律责任（民事与行政）等	
		物业管理程序	（1）物业管理前期介入 （2）物业的接管与验收 （3）物业入伙手续的办理 （4）物业档案的建立 （5）物业的装修与管理	
		管理体系知识	（1）ISO 9001质量管理体系知识 （2）ISO 14001环境管理体系知识	

续表

培训模块	模块内容	课程	课程内容	备注
系统专业知识篇	服务技巧指导	形体礼仪	化妆、着装、形体	此部分为提升类课程，根据实际情况决定是否开设
		沟通技巧	（1）管理沟通意识、技巧、信息反馈的培训 （2）参加沟通游戏	
		服务态度与行为规范	友好、热情和专业的服务态度，规范的行为准则和礼貌用语的使用	
		业户服务技巧	与业户进行有效沟通，包括解答业户问题、处理投诉和建立良好的业户关系等	

2.保洁、绿化人员个性化培训内容

培训模块	模块内容	课程	课程内容	备注
核心知识技能篇	角色认知与定位	保洁、绿化人员的角色认知与定位	（1）保洁及绿化人员的定位（主要是指作用） （2）职责与工作流程 （3）与各业务部门之间的合作内容 （4）应该具备的服务素养与工作技能	
	保洁服务手册	保洁服务标准	（1）基本要求 （2）总体要求（楼内、外围、外墙等专项保洁服务要求，除"四害"要求等） （3）住宅小区保洁服务标准（一级服务标准）	
		保洁人员作业标准	（1）保洁服务日常管理 （2）保洁服务基本要求 （3）保洁作业规程（室内保洁，卫生间、公共通道、游乐设施保洁，喷水池保洁，自行车棚保洁，垃圾房保洁，小区道路保洁，特殊环境保洁，家具保洁等作业规程） （4）保洁服务质量检查（检查制度、检查方法及检查标准） （5）常用表单	
	绿化服务手册	绿化养护服务标准	（1）基本服务要求 （2）基本质量要求（乔灌草配置、绿化面貌、乔木养护、灌木养护、草坪养护、绿篱养护、藤本植物养护等要求） （3）一级养护质量标准	

续表

培训模块	模块内容	课程	课程内容	备注
核心知识技能篇	绿化服务手册	绿化养护作业标准	（1）基本作业要求 （2）基本作业规程（草坪、乔灌木、绿篱、花坛） （3）农药使用（农药管理规定、农药的使用方法、使用农药注意事项） （4）绿化养护质量监督检查 （5）绿色标识与档案管理 （6）绿化养护常用表单	

3.程序维护人员个性化培训内容

培训模块	模块内容	课程	课程内容	备注
核心知识技能篇	角色认知与定位	秩序维护人员的角色认知与定位	（1）秩序维护人员的定位（主要是指作用） （2）职责与工作流程 （3）与各业务部门之间的合作内容 （4）秩序维护人员应具备的服务素养	
	安全知识概论	物业安全管理概述	（1）物业安全管理的概念 （2）物业安全管理的指导思想和原则 （3）物业安全管理的意义	
		治安管理	（1）治安管理概述 （2）治安保卫队伍的建设 （3）违反治安管理的情况处理 （4）治安管理规定 （5）治安保卫工作的检验标准 （6）治安保卫常识	
		消防安全管理	（1）消防安全管理概述 （2）消防队伍的建设 （3）消防设备设施的使用 （4）消防设备设施的养护 （5）常见火灾的扑救方法	
		车辆安全管理	（1）车辆管理员岗位职责 （2）车辆安全管理制度 （3）工作程序、标准和规范 （4）车辆安全检查标准和方法 （5）车辆被损、被盗的损害赔偿责任问题	
		房屋安全管理	（1）危房鉴定与管理 （2）房屋装饰装修安全管理 （3）房屋燃气设备安全管理 （4）房屋白蚁防治	

续表

培训模块	模块内容	课程	课程内容	备注
核心知识技能篇	安全知识概论	智能建筑安全管理	（1）智能建筑概述 （2）智能建筑安全防范系统 （3）智能建筑防火系统 （4）电子停车场管理系统 （5）智能小区安全防范系统	
		防雷与安全用电管理	（1）雷电简介 （2）防雷措施 （3）安全用电 （4）保护接地和保护接零 （5）避雷装置和接地装置维修	
	消防安全管理	消防安全管理手册	指导方针、责任分工、消防管理重点部位、动火管理、装修安全管理等	
		消防安全检查制度	（1）消防安全检查制度概述 （2）消防设备检查与维护保养（含火灾自动报警系统、防火卷帘门系统、送风排烟系统、消火栓系统、自动喷淋系统、应急广播系统等的设备检查与维护保养） （3）常用表单	
	协防服务手册	协防服务标准	（1）基本要求 （2）门岗服务标准 （3）巡逻岗服务标准 （4）监控岗服务标准 （5）车辆管理岗服务标准	
		协防人员作业标准	（1）协防人员基本要求（仪容仪表标准、工作纪律、服务态度、交接班程序） （2）门岗作业标准（接待业户、物业使用人及其访客，外来人员进出管理，物品进出管理，车辆进出管理） （3）巡逻岗作业标准（楼宇巡视、小区巡视、夜间巡视、突发事件的处理） （4）监控岗作业标准（日常工作、监控系统及影像数据管理、中央监控室的出入管理、中央监控室内的物品摆放规定） （5）车辆（机动车、非机动车）管理岗作业标准 （6）协防人员班前准备工作 （7）协防人员日常训练（军事训练、会操规程）	

续表

培训模块	模块内容	课程	课程内容	备注
核心知识技能篇	协防服务手册	协防人员作业标准	（8）装备管理（协防服装、协防器械） （9）协防服务质量的检查（检查制度、检查内容及标准）	
		协防常用表单	（1）协防人员服务质量检查表 （2）外来人员登记表 （3）协防巡逻记录表 （4）交接班记录表 （5）业户、物业使用人机动车辆登记表 （6）大件物品、搬家出入证 （7）协防人员会操记录表 （8）监控室值班记录表	

4.客户服务人员个性化培训内容

培训模块	模块内容	课程	课程内容	备注
核心知识技能篇	角色认知与定位	客服人员角色认知与定位	（1）客服人员的定位（主要是指作用） （2）职责与工作流程 （3）与各业务部门之间的合作内容 （4）客服人员应该具备的服务素养与工作方法	
		客服人员应知应会	物业费包括哪些内容，入伙要经过哪些程序，业户装修需要哪些手续，住宅室内装饰装修禁止行为等	
	客服人员日常作业	仪容仪表	头发、面部、制服、个人卫生等的要求	
		仪态举止	站姿、坐姿、行姿、蹲姿等	
		常见礼节	称呼、致意、递送、鞠躬、握手、手势等礼节	
		接待服务	（1）"三声"（来有迎声，问有答声，走有送声）服务 （2）缴费服务 （3）维修服务 （4）投诉处理服务 （5）走访与回访服务	
		收费流程	（1）收费前期 （2）收费流程 （3）收费率考核 （4）缴费管理 （5）票据管理 （6）安全规定	

续表

培训模块	模块内容	课程	课程内容	备注
核心知识技能篇	客服人员日常作业	巡查标准	巡查内容、方法、本体及公共设施巡查工作要领、巡查发现问题的处理要领	
		装修过程监管	如何办理装修手续，审批过程中应注意的不宜审批情况，装修过程管理，装修中的禁止行为	
		交房规范	（1）交房前准备、交房流程及相关资料 （2）验房流程及注意事项	
		责任区域巡查	（1）治安巡查 （2）公共设施设备安全完好状况巡查 （3）环境卫生状况巡查 （4）园区绿化维护状况巡查 （5）房屋装修巡查 （6）消防安全巡查 （7）利用巡查机会与住户沟通	
		面访业户	面访的内容、注意事项等	
		投诉处理	（1）业户的需求 （2）投诉是怎么产生的 （3）投诉的处理技巧 （4）常见投诉案例及处理方法	
		业户服务技巧	（1）需求探寻、提问引导技巧 （2）业户服务禁语	

5. 工程人员个性化培训内容

培训模块	模块内容	课程	课程内容	备注
核心知识技能篇	角色认知与定位	工程人员角色认知与定位	（1）工程人员的定位（主要是指作用） （2）职责与工作流程 （3）与各业务部门之间的合作内容 （4）工程人员应具备的服务素养与工作技能	
	工程人员日常作业	房屋维修管理	（1）房屋维修管理概述 （2）房屋维修计划制订 （3）房屋维修质量管理 （4）房屋维修工程预算 （5）房屋维修工程成本管理 （6）房屋维修施工项目管理	

续表

培训模块	模块内容	课程	课程内容	备注
核心知识技能篇	工程人员日常作业	房屋设备维修管理	（1）房屋设备概述 （2）房屋设备的维修管理	
		给排水设备设施管理	（1）给排水设备设施管理概述 （2）给排水设备设施的日常操作管理 （3）给排水设备设施的运行管理 （4）给排水设备设施的维修养护管理	
		供电设备设施管理	（1）供电设备设施管理概述 （2）供电设备设施的安全管理 （3）供电设备设施的运行管理 （4）供电设备设施的维修管理	
		供暖设备设施管理	（1）供暖设备设施管理概述 （2）供暖设备设施运行管理 （3）供暖设备设施维修养护管理 （4）供暖用户管理	
		中央空调设备管理	（1）中央空调设备管理概述 （2）中央空调设备日常操作管理 （3）中央空调设备运行管理 （4）中央空调设备维修养护管理	
		电梯管理	（1）电梯管理概述 （2）电梯安全管理 （3）电梯的运行管理 （4）电梯的维修管理	
		通风系统及高层建筑排烟系统管理	（1）通风方式及选择 （2）主要设备及构件 （3）高层建筑防烟、排烟系统管理	
		房屋日常维修养护	（1）房屋的日常养护概述 （2）地基基础维修养护 （3）砌体结构的维修养护 （4）钢筋混凝土结构的维修养护 （5）楼地面工程的维修养护 （6）屋面工程的维修养护 （7）门窗工程的维修养护 （8）装饰工程的维修养护	
		物业的维修、维护案例分析	如小区顶层漏水造成楼下业户财产损失，物业服务人员是否承担责任	

三、培训考核

培训考核方式主要有抽查、口试、笔试三种，具体如图2-4所示。

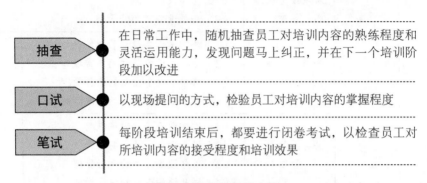

图2-4 培训考核的方式

 小提示

为了评估培训效果，在考核的同时，物业经理可以对员工的培训情况进行调查，收集他们对培训工作的意见和建议，以便在下次组织培训时作出相应改进。

四、培训成果转化

培训工作做得再好，如果受训人员没有把培训中所学的知识、技能应用到实际工作中，那么毫无疑问这个培训项目是失败的。

物业管理处实施员工培训，最终目的是使受训员工将所学知识运用到实际工作中去。但有研究表明，员工在培训中所学到的知识只有10%转移到了工作中。可见，做好培训转化工作对于增强培训效果意义重大。为促进培训成果顺利转化，可采取如图2-5所示的措施。

图2-5 促进培训成果顺利转化的措施

1.采取合理的激励方式

物业经理应根据员工自身特点，在培训结束后采取直接或间接的激励手段，或是让员工选择自己满意的激励方式来保证培训效果，这样可以有效改善员工的工作态度，提高员工的忠诚度，对于培训成果的转化及培训风险的规避起到重要作用。

2.加强硬件设施建设

培训后，员工的自身技能和素质得到提高，企业原有的设施和条件可能无法满足员工需求，员工获得的新技能只有与新的硬件设施相结合，才能发挥实效，才能最大程度提高物业服务企业的经济效益。

3.做好培训后的评估工作

培训评估作为培训管理流程中的一个重要环节，是衡量培训效果的重要途径和手段，具有信息反馈作用。通过评估，物业经理可以清楚地了解培训后员工的知识是否得到了更新，工作表现是否得到了改善，绩效是否得到了提高，它既是对本阶段培训效果的估量，也为下一阶段的培训工作做好准备。

第三节　员工绩效考核

绩效考核是对员工工作成果的考核，是物业经理的重要工作之一。一般来说，物业管理处每月月底都会进行月度绩效考核，到年底又要进行年度绩效考核。有些物业管理处还要进行季度考核。各个物业管理处的情况不同，绩效考核形式也不同，物业经理要根据企业实际情况作出适当安排。

一、绩效考核的方法

绩效考核方法的选择直接影响到考核结果。根据物业服务企业的特点，物业经理可采取以表2-2所示的几种考核方法为主，其他多种考核方法相结合的绩效考核方法。

表2-2 绩效考核的方法

序号	方法	具体说明
1	强制分布考核法	强制分布考核法是根据正态分布规律和二八定律以群体的形式对员工进行归类的方法。这种方法要求管理人员将员工按一定比例归入事先定好的不同种类中去，例如卓越、优秀、达标、还需改进、很差等
2	行为锚定等级考核法	行为锚定等级考核法是一种通过建立与不同绩效水平相联系的行为锚定来对员工绩效进行考核的方法，通过搜集大量工作中可能发生的关键事件，确定每一关键事件所代表的绩效水平的等级，以此作为员工绩效的评价标准
3	目标管理法	目标管理法是相对成熟的一种绩效考核方法。它是以目标的设置和分解、目标的实施及对目标完成情况的检查为手段，通过员工的自我管理来实现企业经营目的的一种管理方法
4	360度考核法	360度考核法是由与被考核者有密切关系的上级领导、下属、同级同事和外部客户等对其进行匿名评价，分管领导再根据评价和评分，结合被考核者的自我评价对其进行考核，并向被考核者提供回馈的绩效考核方法，以帮助被考核者提高能力水平和业绩
5	KPI考核法	KPI即关键业绩指标，KPI考核法主要是对各部门（流程）的工作绩效特征进行分析，提炼出最能代表部门绩效的若干关键指标，以此作为员工绩效考核标准

物业经理要想准确评估员工的实际工作效果，就必须先确定各级员工的绩效考核指标，依照指标开展考核工作。

下面是一份××物业公司员工绩效考核表的范本，仅供参考。

范本

××物业公司员工绩效考核表

1.客服主管绩效考核表

岗位：客服主管　　　　　被考核人：　　　　　　考核时期：　　年　　月　　日

项目	序号	考核项目	基准目标	分值	达成情况	考核分数
KPI（85%）	1	业户诉求受理及时率、回访率	100%（每月根据受理登记清单回访记录进行检查）	15		
	2	物业管理费收缴率	●月度费用收缴率＞70% ●季度费用收缴率＞91%	20		

续表

项目	序号	考核项目	基准目标	分值	达成情况	考核分数
KPI（85%）	3	有效投诉处理及时率及投诉处理满意度	有效投诉处理及时率达到100%，满意率达到75%，（品质部每月根据投诉处理单，进行抽查回访）	10		
	4	周、月度关键、重点工作完成情况	100%完成周、月度关键、重点工作（按周例会、月度例会的工作总结考核完成情况，重点工作未完成的每项扣10分，扣完20分为止）	20		
	5	各项资料存档情况	100%（培训资料、业户档案、社区文化档案、质量记录文件，按要求存档）	5		
	6	走动式管理制度执行情况	（1）将走动式管理制度贯彻到底，对责任楼栋进行巡查，环境（含标识标牌）、工程问题按要求在工作日志、环境巡查表中记录，每日下班前交给前台，并跟进问题的整改（2）每天解决三个业户关心的问题，并记录在工作日志中。物业经理负责核实	10		
	7	营造社区文化氛围	按公司计划举办文化活动，业户能积极响应，反应良好	5		
工作态度（10%）	1	表率作用	以身作则，从严要求自己，起到模范及表率作用	2		
	2	服务意识	能以为业户服务为己任，始终被业户信任	3		
	3	出勤情况	遵守公司相关考勤制度	3		
	4	团队精神	除了能完成自己的本职工作，还能不计较个人得失，积极协助其他部门和同事达成工作目标。能与下属员工共同营造高效的团队	2		
工作能力（5%）	1	策划能力	具有策划本部门职责范围内相关方案或活动，并达到预期目标的能力	1		
	2	培训能力	能给予下属必要的培训和指导	1		
	3	应急处理能力	处理突发事件时沉着冷静，处理办法符合法律规定，获得业户认可	1		
	4	问题解决能力	善于总结，灵活应变，及时解决问题	1		
	5	协作能力	对部门或他人的工作请求从无怨言、牢骚、畏难情绪	1		

续表

项目	序号	考核项目	基准目标	分值	达成情况	考核分数
加分项		1.季度物业管理费收缴率超过91%，每超过1个百分点加2分				
		2.责任区域月度评比第一名的加2分				
		3.业户表扬锦旗每面加3分，表扬信每封加1分				
		4.提出的建议被服务中心采纳的，每条建议加1分				
		5.有其他特殊贡献的，视情况加分，但须领导批示				
总计考核得分						

被考核人确认：　　　　　　　　　　考核人确认：

2.工程主管绩效考核表

岗位：工程主管　　　　　被考核人：　　　　　考核时期：　　年　　月　　日

项目	序号	考核项目	基准目标	分值	达成情况	考核分数
KPI（85%）	1	业户对工程服务的满意率	＞80%（每月由客户服务部从当月完成的维修单中抽取5%，进行考核。）	15		
	2	报修处理响应率	100%，无因服务态度引起的投诉，其他投诉每宗扣除2分	5		
	3	维修完成率	每月维修完成率不低于90%（按当月前台发单量计算）	10		
	4	维修返修率	≤3%，在此基础上每超过1%，扣2分，扣完为止（此项只针对工程部维修项目）	5		
	5	设备设施保养、巡查计划执行情况	每月25日前提交设备设施保养、巡查计划，并按保养、巡查计划严格执行。周检发现问题，每个问题扣2分，扣完10分为止	10		
	6	非预期性的停水、停电	全年不超过5次，若出现无故停水、停电现象，每次扣2分	5		
	7	周、月度关键、重点工作完成情况	100%完成周、月度关键、重点工作（按周例会、月度例会的工作总结考核完成情况，重点工作未完成的每项扣10分，扣完20分为止）	20		

续表

项目	序号	考核项目	基准目标	分值	达成情况	考核分数
KPI（85%）	8	走动式管理制度执行情况	将走动式管理制度贯彻到底，对责任楼栋进行巡查，发现环境（含标识标牌）、工程问题按要求在工作日志、环境巡查表中记录，每日下班前交给前台	10		
	9	物料管理	物料账目清晰，账实相符，符合公司物料管理规定	5		
工作态度（10%）	1	表率作用	以身作则，从严要求自己，起到模范及表率作用	2		
	2	服务意识	能以为业户服务为己任，始终被业户信任	2		
	3	出勤情况	遵守公司相关考勤制度	3		
	4	团队精神	除了解完成自己的本职工作，还能不计较个人得失，积极协助其他部门和同事达成工作目标。能与下属员工共同营造高效的团队	3		
工作能力（5%）	1	计划能力	具有根据部门目标制订合理工作计划的能力	1		
	2	培训能力	能给予下属必要的培训和指导	1		
	3	应急处理能力	处理突发事件时沉着冷静，获得业户认可	1		
	4	创新能力	具有经常提出可操作性建议和意见（尤其是在节约能耗及新技术应用方面）的能力	1		
	5	协作能力	对部门或他人的工作请求从无怨言、畏难情绪，从不发牢骚	1		
加分项	1.责任区域月度评比第一名的加2分					
	2.业户表扬锦旗每面加3分，表扬信每封加1分					
	3.提出的建议被服务中心采纳的，每条建议加1分					
	4.有其他特殊贡献的，视情况加分，但须领导批示					
总计考核得分						

被考核人确认：　　　　　　　　　　　　考核人确认：

3.秩序维护主管绩效考核表

岗位：秩序维护主管　　　　被考核人：　　　　　考核时期：　年　月　日

项目	序号	考核项目	基准目标	分值	达成情况	考核分数
KPI（85%）	1	安全综合满意率	当月、季度安全综合满意率＞85%（每月由客户服务部对5%的入住业户进行抽查，根据抽查结果进行考核）	15		
	2	周、月度关键、重点工作完成情况	100%完成周、月度关键、重点工作（按周例会、月度例会的工作总结考核完成情况，重点工作未完成的每项扣10分，扣完20分为止）	20		
	3	走动式管理制度执行情况	将走动式管理制度贯彻到底，对责任楼栋进行巡查，发现环境（含标识标牌）、工程问题按要求在工作日志、环境巡查表中记录，每日下班前交给前台	10		
	4	安管队伍建设	认真落实早会、夕会制度，按照计划做好培训工作，加强团队建设	10		
	5	带队巡视	队长带队前往相应岗位进行交接班，工作时间安排队长带队巡查	8		
	6	安全、消防责任事故	无安全、消防责任事故	8		
	7	业户投诉次数	每月小于1次	8		
	8	文件、记录管理	能及时检查工作文件、记录，文件、记录应保存完整且及时归档	6		
工作态度（10%）	1	服务意识	能以为业户服务为己任，始终被业户信任	3		
	2	表率作用	以身作则，从严要求自己，起到模范及表率作用	2		
	3	出勤情况	遵守公司相关考勤制度	3		
	4	团队精神	除了能完成自己的本职工作，还能不计较个人得失，积极协助其他部门和同事达成工作目标。能与下属共同营造高效的团队	2		
工作能力（5%）	1	员工管理及培训能力	责任体系明确，授权合理；能给予下属必要的培训和指导	1		

续表

项目	序号	考核项目	基准目标	分值	达成情况	考核分数
工作能力（5%）	2	计划能力	能合理制订计划，定期检查，有效实施	1		
	3	应急处理能力	处理突发事件时沉着冷静、处理办法符合法律规定，获得业户认可	1		
	4	问题解决能力	能独立思考、分析问题，处理问题及时	1		
	5	协作能力	能有效协调部门之间，上下级之间的工作矛盾	1		
加分项	\multicolumn{3}{l}{1.提出的建议，被服务中心采纳的，每条建议加1分}			
	\multicolumn{3}{l}{2.责任区域月度评比第一名的加2分}			
	\multicolumn{3}{l}{3.有其他特殊贡献的，视情况加分，但须领导批示}			
\multicolumn{4}{c}{总计考核得分}			

被考核人确认：　　　　　　　　　　考核人确认：

4.环境主管绩效考核表

岗位：环境主管　　　　　被考核人：　　　　　考核时期：　　年　　月　　日

项目	序号	考核项目	基准目标	分值	达成情况	考核分数
KPI（85%）	1	业户对保洁、绿化工作的满意率	业户对保洁、绿化工作的满意率＞80%（以前台每月业户满意度调查数据为准）	20		
	2	现场清洁保洁工作	根据周检结果，问题点不超过10个不扣分，超过10个则每增加一个问题点扣1分（保洁工作严重不到位的，一次扣2分）	15		
	3	绿化养护工作	根据周检结果，问题点不超过10个不扣分，超过10个则每增加一个问题点扣1分	10		
	4	业户投诉	每月不超过3宗（根据当月前台统计结果进行考核）	8		
	5	周、月度关键、重点工作完成情况	100%完成周、月度关键、重点工作（按周例会、月度例会的工作总结考核完成情况，重点工作未完成每项扣10分，扣完20分为止）	20		

续表

项目	序号	考核项目	基准目标	分值	达成情况	考核分数
KPI（85%）	6	走动式办公执行情况	走动式办公责任制跟进到底，对责任楼栋进行巡查	6		
	7	员工培训达标率	培训达标率达到100%	6		
工作态度（10%）	1	服务意识	能以为业户服务为己任，始终被业户信任	2		
	2	表率作用	以身作则，从严要求自己，起到模范及表率作用	2		
	3	出勤情况	遵守公司相关考勤制度	2		
	4	原则性	坚持原则，从严管理	2		
	5	工作效率	任何工作都按时保质、保量完成，且从无怨言、无牢骚	2		
工作能力（5%）	1	计划能力	具有根据部门目标制订合理工作计划的能力	1		
	2	执行能力	具有正确理解上级意图，并有效实施工作计划的能力	1		
	3	培训能力	能给予下属必要的培训和指导	2		
	4	协作能力	对部门或他人的工作请求从无怨言、无畏难情绪，从不发牢骚	1		
加分项		1.提出的建议，被服务中心采纳的，每条建议加1分				
		2.有其他特殊贡献的，视情况加分，但须领导批示				
总计考核总分						

被考核人确认：　　　　　　　　　　　　考核人确认：

5.行政专员绩效考核表

岗位：行政专员　　　　　　被考核人：　　　　　考核时期：　　年　　月　　日

项目	序号	考核项目	基准目标	分值	达成情况	考核分数
KPI（85%）	1	物业公司人员招聘、入职培训、薪资核算等工作	严格执行人力资源管理的各项制度，按照计划推进招聘、培训、薪资核算等工作	20		
	2	文档管理	档案完好、无遗漏，符合文档管理要求，方便查阅	15		

续表

项目	序号	考核项目	基准目标	分值	达成情况	考核分数
KPI（85%）	3	各类会议的安排	妥善安排会议的地点、规模、形式，确保会议按计划召开	15		
	4	办公设备及办公用品的管理	严格执行公司的相关管理流程，建立明确的固定资产及办公用品清单，对各类办公设施进行维护	15		
	5	宿舍管理	宿舍管理符合公司规定	10		
	6	办公环境	办公环境整洁	10		
工作态度（10%）	1	服务意识	能以为业户服务为己任，始终被业户信任	3		
	2	团队精神	除了能完成自己的本职工作，还能不计较个人得失，积极协助其他部门和同事达成工作目标	3		
	3	出勤情况	遵守公司相关考勤制度	2		
	4	工作效率	任何工作都按时保质、保量完成，且从无怨言、无牢骚	2		
工作能力（5%）	1	表达能力	具有良好的公文写作及准确表达自己见解的能力	1		
	2	协调能力	协助服务中心经理处理好与开发商、政府部门、业户及物业使用人的关系；处理好物业管理处和其他部门之间的关系	1		
	3	执行能力	具有正确理解上级意图，有效实施工作计划的能力	1		
	4	问题解决能力	善于总结，灵活应变，能及时解决问题	1		
	5	协作能力	对部门或他人的工作请求从无怨言、无畏难情绪，从不发牢骚	1		
加分项	1.提出的建议，被服务中心采纳的，每条建议加1分					
	2.有其他特殊贡献的，视情况加分，但须领导批示					
总计考核得分						

被考核人确认：　　　　　　　　　　　　考核人确认：

6.客服人员绩效考核表

岗位：客服人员　　　　　被考核人：　　　　　考核时期：　年　月　日

项目	序号	考核项目	基准目标	分值	达成情况	考核分数
KPI（85%）	1	物业管理费收缴率	当月物业管理费收缴率＞70% 季度物业管理费收缴率＞91%	20		
	2	业户服务、投诉处理	服务业户时热情亲切，各类记录完整，无业户投诉现象；完成每日前台日报，将业户投诉内容记录在日报及业户信息登记表上，准确及时传达给责任部门，并跟进业户投诉处理情况，按时完成回访	20		
	3	资料归档完整率	资料100%归档	10		
	4	装修手续的办理	办理及时、准确，态度热情、主动	6		
	5	车位租赁和车卡的办理	办理及时、准确，态度热情、主动	6		
	6	业户搬出手续办理	办理及时、准确，态度热情、主动	6		
	7	办理入住，办理水电过户和报停、报启等手续	办理及时、准确，态度热情、主动	8		
	8	打印相关单据，送给业户	办理及时、准确，100%送达	4		
	9	协助收款员工作	工作积极、主动	5		
工作态度（10%）	1	服务意识	能以为业户服务为己任，始终被业户信任	3		
	2	服从性	坚决服从上级安排，严格执行公司各项规章制度	2		
	3	出勤情况	遵守公司相关考勤制度	2		
	4	责任心	积极主动完成本职工作，为实现公司目标而不懈努力	3		
工作能力（5%）	1	业户接待能力	能热情接待各种类型的业户	1		
	2	投诉处理能力	能熟练处理业户各类投诉，并令业户满意	2		
	3	业户诉求处理能力	能有效处理业户的诉求，了解各类业户诉求处理流程	2		

续表

项目	序号	考核项目	基准目标	分值	达成情况	考核分数
加分项		1.业户表扬锦旗每面加3分，表扬信每封加1分				
		2.提出的建议，被服务中心采纳的，每条建议加1分				
		3.有其他特殊贡献的，视情况加分，但须领导批示				
总计考核得分						

被考核人确认：　　　　　　　　　　　　考核人确认：

7.维修工绩效考核表

岗位：维修工　　　　　　被考核人：　　　　　　考核时期：　　年　　月　　日

项目	序号	考核项目	基准目标	分值	达成情况	考核分数
KPI（85%）	1	业户对工程服务的满意率	＞80%（每月由客户服务部从当月完成的维修单中抽取5%进行考核。）	15		
	2	设备运行故障维修及时性，安全事故次数	维修及时，无因失职造成设备运行故障未得到修理的情况，无安全事故	15		
	3	维修完成率	每月公共区域、业户室内设备维修完成率不低于90%（按当月前台发单量计算）	15		
	4	维修返修率	≤3%，在此基础上每超过1%，扣2分，扣完为止	10		
	5	设备设施保养及巡查记录	按规定保养设备设施，无目视性故障或损坏，巡查记录完整，并按规定存档	10		
	6	业户投诉率	投诉率为0	15		
	7	值班情况	在值班时间内当值，无脱岗、睡觉、开小差等现象，电话保持畅通	5		
工作态度（10%）	1	服务意识	能以为业户服务为己任，始终被业户信任	3		
	2	责任心	积极主动完成本职工作，为实现公司目标而不懈努力	2		
	3	出勤情况	遵守公司相关考勤制度	2		
	4	服从性	坚决服从上级安排，严格执行公司各项规章制度	3		

续表

项目	序号	考核项目	基准目标	分值	达成情况	考核分数
工作能力（5%）	1	学习能力	能按时参加公司、物业管理处、组织的培训，且培训期间无违纪现象	1		
	2	业务技能	能熟练掌握岗位业务技能知识，工作符合公司的岗位职责标准	2		
	3	沟通协调能力	能处理好与其他项目组、维修工和小区业户的关系	2		
加分项		1.业户表扬锦旗每面加3分，表扬信每封加1分				
		2.提出的建议，被服务中心采纳的，每条建议加1分				
		3.有其他特殊贡献的，视情况加分，但须领导批示				
总计考核得分						

被考核人确认：　　　　　　　　　　考核人确认：

8.保洁员绩效考核表

岗位：保洁员　　　　　被考核人：　　　　　　　　考核时期：　　年　　月　　日

项目	序号	考核项目	基准目标	分值	达成情况	考核分数
KPI（85%）	1	不合格发生率	负责区域范围内日检查出的问题不超过5个	15		
	2	业户对清洁工作满意率	＞80%，（以前台每月满意度调查数据为准）	20		
	3	不合格处理率	100%	10		
	4	仪容仪表，礼貌用语	着装整洁，仪表端庄，举止文明、大方、端庄，精神饱满、姿态良好，遇到业户需主动问好	10		
	5	作业期间工具摆放	工具乱摆乱放的每发现一次扣1分，扣完为止	10		
	6	清洁剂的储存和使用	在使用和储存清洁剂时，严格按说明书中的稀释比例进行配比与储存	8		
	7	售卖小区内的任何物品	每发现一次扣5分	6		
	8	做与岗位无关的事	每发现一次扣2分	6		

项目	序号	考核项目	基准目标	分值	达成情况	考核分数
工作态度（10%）	1	客户服务意识	能以为业户服务为己任，始终被业户所信任	3		
	2	责任心	积极主动完成本职工作，为实现公司目标而不懈努力	2		
	3	出勤情况	遵守公司相关考勤制度	2		
	4	服从性	坚决服从上级安排，严格执行公司各项规章制度	3		
工作能力（5%）	1	学习能力	能按时参加公司、物业管理处组织的培训，且培训期间无违纪现象	1		
	2	动手能力	能熟练操作各种保洁设备、工具	1		
	3	业务技能	熟练掌握各种清洁剂的使用，掌握不同场所、不同材质物品的清洁保养步骤与要求	2		
	4	突发事件处理能力	具有安全防范技能，能从容地处理与保洁有关的突发事件	1		
加分项		1.业户表扬锦旗每面加3分，表扬信每封加1分				
		2.提出的建议，被服务中心采纳的，每条建议加1分				
		3.有其他特殊贡献的，视情况加分，但须领导批示				
总计考核得分						

被考核人确认：　　　　　　　　　　考核人确认：

9.秩序维护班长绩效考核表

岗位：秩序维护班长　　　　被考核人：　　　　考核时期：　　年　　月　　日

项目	序号	考核项目	基准目标	分值	达成情况	考核分数
KPI（85%）	1	安全综合满意度	当月安全综合满意度＞85%（以前台每月满意度调查数据为准）	20		
	2	班务会	按规定及时召开班务会，并能按照会议流程对当日工作进行总结，能指导员工落实岗位细则	15		
	3	有效投诉率	无有效投诉	10		
	4	本班员工是否有较大过失及严重违纪行为	无	10		

续表

项目	序号	考核项目	基准目标	分值	达成情况	考核分数
KPI（85%）	5	本班人员安全展示行为落实情况	每日交接班按标准流程进行	10		
	6	消防安全管理	无任何消防安全事故	10		
	7	本班员工培训、考核通过率	100%	10		
工作态度（10%）	1	服务意识	尊重业户、服务业户、让业户满意	3		
	2	责任心	积极主动完成本职工作，为实现公司目标而不懈努力	2		
	3	表率作用	以身作则，从严要求自己，起到模范及表率作用	3		
	4	出勤情况	遵守公司相关考勤制度	2		
工作能力（5%）	1	员工管理能力	能合理安排下属岗位和在岗人员，善于做思想工作，员工满意度高	1		
	2	培训能力	能认真检查下属工作，并给予必要的培训和指导	1		
	3	应急处理能力	处理突发事件时沉着冷静，处理办法符合法律规定，获得业户认可	1		
	4	问题解决能力	能及时排除隐患，保证本班当值期间无盗窃、抢劫等不安全事件发生	1		
	5	协作能力	对部门或其他班组的工作请求从无怨言、无牢骚、无畏难情绪	1		
加分项		1.业户表扬锦旗每面加3分，表扬信每封加1分				
		2.提出的建议，被服务中心采纳的，每条建议加1分				
		3.有其他特殊贡献的，视情况加分，但须领导批示				
总计考核得分						

被考核人确认：　　　　　　　　　　　考核人确认：

10.秩序维护员绩效考核表

岗位：秩序维护员　　　　　　被考核人：　　　　　　考核时期：　　年　　月　　日

项目	序号	考核项目	基准目标	分值	达成情况	考核分数
KPI（85%）	1	礼仪礼貌	距离业户3米以内保持微笑，有问好，向业户展示良好的物业服务形象	20		

续表

项目	序号	考核项目	基准目标	分值	达成情况	考核分数
KPI（85%）	2	辖区秩序	辖区内秩序井然，无乱停乱放现象	10		
	3	上岗仪容仪表	按要求穿戴工作服，干净整洁，不留长发，皮鞋干净，勤剪指甲，仪容仪表符合公司规定	10		
	4	登记有效证件的时间及准确率	每人每次不超过60秒钟，不出现失误	10		
	5	有效投诉率	投诉率为0	10		
	6	因失职造成业户、物业使用人被盗、被抢等治安及刑事案件	0次	10		
	7	巡查、检查表格、记录登记、归档的及时性	及时记录，及时归档	15		
工作态度（10%）	1	服务意识	服务意识强，注意礼貌，语言文明	3		
	2	责任心	积极主动完成本职工作，为实现公司目标而不懈努力	2		
	3	出勤情况	遵守公司相关考勤制度	3		
	4	服从性	坚决服从上级安排，正确执行公司各项规章制度	2		
工作能力（5%）	1	对业户、物业使用人情况的掌握	熟练掌握业户、物业使用人的基本情况	1		
	2	观察能力	善于发现可疑人员，能及时排除隐患	1		
	3	突发事件处理能力	能及时正确处理各种突发事件	1		
	4	沟通能力	能进行有效沟通，让进出人员配合工作	1		
	5	安全护卫技能	熟练掌握安保岗位业务技能，工作符合物业公司的岗位职责标准	1		
加分项	1.业户表扬锦旗每面加3分，表扬信每封加1分					
	2.提出的建议，被服务中心采纳的，每条建议加1分					
	3.有其他特殊贡献的，视情况加分，但须领导批示					
总计考核得分						

被考核人确认：　　　　　　　　　　考核人确认：

二、绩效考核结果的反馈

绩效考核结果反馈的目的是让被考核者了解自己的绩效情况，将管理者的期望传递给被考核者。

绩效反馈的途径有很多，其中最直接、最有效的途径是管理者与员工面谈，通过面谈，不仅可以准确地将绩效考核的结果告知员工，更重要的是，在面谈中，主管可以与员工面对面地交流，双方针对考核结果，共同讨论、研究改进的方案。

1.绩效面谈的目的

物业经理与员工进行绩效面谈，具有图2-6所示的目的。

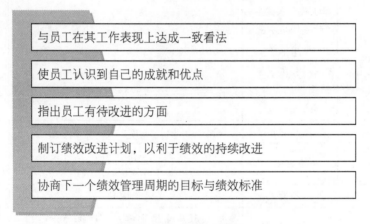

图2-6　绩效面谈的目的

2.绩效面谈的准备

物业经理在与员工进行绩效面谈前，应做好图2-7所示的准备工作。

图2-7　绩效面谈的准备工作

三、绩效考核结果的运用

绩效考核不是一种目的，而是一种手段，应该重视考核结果的运用。绩效考核的结果，可以应用于多个方面，既可为人力资源管理提供决策信息，也可以在绩效改进、职业生涯发展方面给员工个人提供借鉴。绩效考核结果的具体运用如图2-8所示。

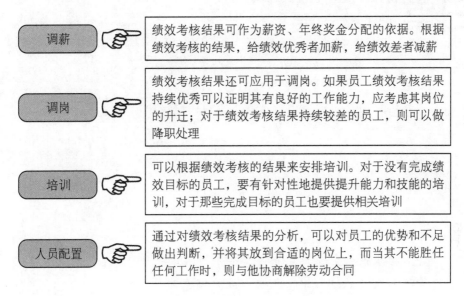

调薪	绩效考核结果可作为薪资、年终奖金分配的依据。根据绩效考核的结果，给绩效优秀者加薪，给绩效差者减薪
调岗	绩效考核结果还可应用于调岗。如果员工绩效考核结果持续优秀可以证明其有良好的工作能力，应考虑其岗位的升迁；对于绩效考核结果持续较差的员工，则可以做降职处理
培训	可以根据绩效考核的结果来安排培训。对于没有完成绩效目标的员工，要有针对性地提供提升能力和技能的培训，对于那些完成目标的员工也要提供相关培训
人员配置	通过对绩效考核结果的分析，可以对员工的优势和不足做出判断，并将其放到合适的岗位上，而当其不能胜任任何工作时，则与他协商解除劳动合同

图2-8　绩效考核结果的运用

第三章

日常服务管理

物业服务企业属于服务型企业，在其经营、管理和服务的过程中，都应以业户满意为导向，时刻站在业户的角度，为业户提供专业的服务，最终使业户满意，从而与业户建立长久良好的关系。因此，物业经理应做好日常服务管理工作。

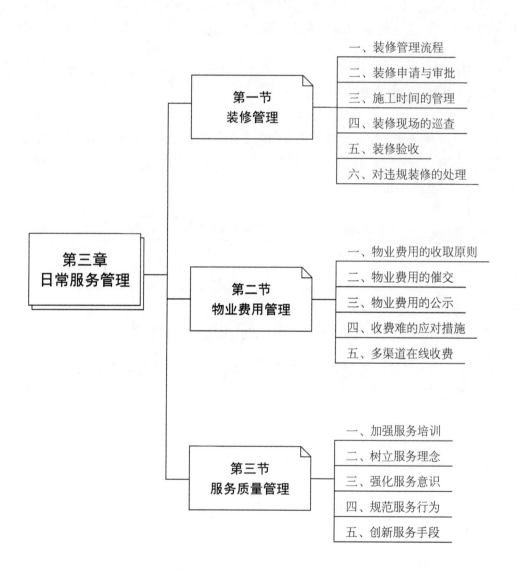

第一节　装修管理

物业装修管理的目的在于规范业户的装修行为，协助政府行政主管部门对装修过程中的违规行为进行处理、纠正，从而确保建筑结构的安全，维护全体业户的合法权益。

一、装修管理流程

为使业户和装修工作人员对装修管理的工作程序有一个完整的了解，从而让装修管理工作顺利、有序开展，物业经理有必要厘清这项工作的各个步骤，制定一个合适的流程，具体如图3-1所示。

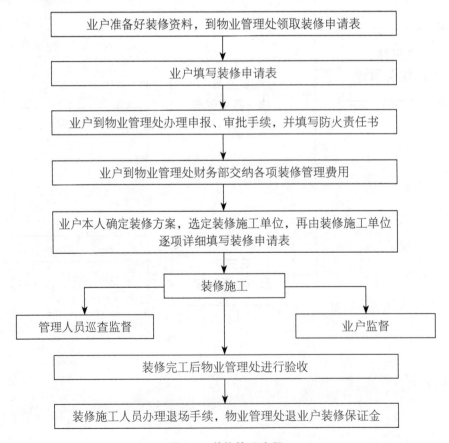

图3-1　装修管理流程

二、装修申请与审批

业户凡欲进行室内装修改造的，应提前准备好相关资料，并及时向物业管理处提出申请，填写装修申请表，报物业管理处审批。业户及装修施工单位应在装修申请表上签字盖章。物业管理处对业户的申请进行审批，并发放物业辖区房屋装修管理规定及其他有关资料。

1.装修申请

业户要开展装修工作，应先准备好相关资料，如装修施工图纸和施工方案等，并完整填写装修申请表。

【实战工具02】▶▶ ------------------------------------

房屋装修申请表

业户姓名		住址		联系电话	
施工单位		负责人		联系电话	
申请装修期限		年　　月　　日至　　年　　月　　日			
装修项目（附装修方案）： 1. 2. 3.					
装修保证	本申请人和施工单位保证遵守装修管理规定和其他有关规定，保证按照装修方案完成装修，如有违约，愿意接受物业公司的处罚				
业户签字（章） 　　年　　月　　日		施工单位签字（章） 　　年　　月　　日		物业公司签字（章） 　　年　　月　　日	
备注					

对申请装修的业户，物业管理处应要求其提供以下相关资料。

① 业主办理装修手续，须提供装修施工单位营业执照复印件（加盖公章）、承建资格证书复印件（加盖公章）。如代收装修税费的需提供业户与装修施工单位签订的

装修合同复印件。物业使用人申请装修需提供业户同意装修的书面证书。

② 装修施工图纸和施工方案（如更改原有水、电线路，须提供水、电线路图）。

③ 装修施工单位负责人的身份证复印件、照片、联系电话。

④ 施工人员的身份证复印件、照片。

⑤ 如要改变建筑物主体或承重结构，超过设计标准或规范增加楼面面积的，须提交建筑物原设计单位或具有相应资质的设计单位提出的设计方案，非住宅用途房屋还须提交政府部门的施工许可证。

⑥ 如要搭建建筑物、改变住宅外立面等的，须经城市规划行政主管部门批准后，报物业服务企业备案，并经业主大会、业主委员会同意，方可搭建、改变。

⑦ 只进行铺地板、墙壁表面粉刷、贴墙纸等简单装修，业户可不提供装修施工单位承建资格证书复印件及施工图纸。

2.装修审批

物业管理处应在收到业户的装修申请后一周内予以答复。对不符合规范或资料不全的申请，让业户按要求进行修改，并重新提交审批。

三、施工时间的管理

业户在进行装修施工时不得干扰左邻右舍，不得影响其他单位或个人的工作和休息，因此物业管理处应加强对施工时间的管理。

一般允许的施工时间为8:00以后，18:00以前。

1.要控制产生噪声的施工的时间

产生噪声的施工内容包括砸墙、钻孔、墙面楼板开槽、钻切锤打金属、电锯改料等。对住宅房屋来说，在进行产生噪声的施工时要避开人们的休息时间。

比如，中午12:00至14:00，18:00至次日8:00，不允许进行产生噪声的施工。

2.对电梯使用时间做出限制

高层建筑的室内装修必然要使用电梯运送装修材料和垃圾，但为不影响其他人的使用，物业管理处应规定使用电梯的时间，以及使用货梯运输材料。

通常运送装修材料和垃圾要避开电梯使用的高峰时间，这个高峰时间根据建筑的用途和使用者的不同而不同。如果白天电梯使用非常频繁，可在夜间运送装修材料和垃圾。

3.采取有效措施防止干扰

业户房屋装修期间,会对左右、上下的住户的工作和休息产生影响,如果物业管理处不采取有效措施,肯定会招致装修单元相邻业户的投诉和不满。为避免业户装修对其他业户的干扰,应采取以下管理方法。

① 物业管理处在业户装修前发通知给其同一楼层及上下楼层业户,让他们有思想准备和采取一些预防措施,并请求谅解。

② 在业户提交装修申请时,提醒业户聘请信誉好、实力强、人员精的装修公司,尽量缩短工期。

③ 对业户和装修施工单位进行必要的培训,解释装修程序和有关管理规定,避免他们因事先不知情而做出各种影响他人工作或休息的装修行为。

④ 将业户室内装修注意事项贴在装修单元的大门上,提醒装修人员文明施工。

⑤ 在住宅楼内,严禁在夜晚、周末等时间装修;在写字楼内,白天上班时间只允许进行一些不产生噪声及油漆味的装修,要将发出较大噪声如电锯声等的装修工序安排在非办公时间进行,并严禁在装修时开启空调。

⑥ 施工人员必须办理施工证或出入证方可进场施工,施工人员不得从事与施工无关的活动。

⑦ 加强对装修单元的监管,及时听取邻居意见,对违规施工人员视其情节轻重给予口头或书面警告、停止装修、暂扣装修工具、责令赔偿损失等处罚。

四、装修现场的巡查

物业管理处应要求业户将业户室内装修批准书和业户室内装修注意事项张贴于门上,便于物业管理人员核验和提醒装修人员安全施工;同时,物业管理人员须按规定对装修现场进行巡查。在进入现场前仔细查看图纸及审批文件,做到心中有数。装修现场巡查的重点如图3-2所示。

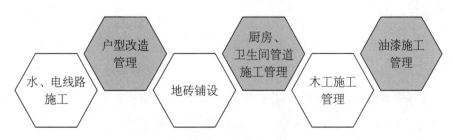

图3-2 装修现场巡查的重点

1.水、电线路施工

水、电线路施工代表业户装修工程的正式开始，同时也是物业管理处装修巡检工作的重头戏。绝大多数业户为了美观，都将冷热水管暗埋在墙壁和地板之下，外表好看了，但隐患增大了。

（1）强电线路的改动

对于强电线路的改动，物业管理人员要提醒业户注意电线的质量和型号，承载大功率电器的线路一定要用相匹配的电线。线路改动时最好走垂直线路，接头和转弯的地方要设置接线盒，以便将来检修。房顶的混凝土层较薄，切槽深度不得超过1.5厘米。所有线路暗埋必须穿管（PVC管），穿线管内不准有接头。

（2）弱电线路的改动

物业管理人员要提醒业户和装修施工队伍，弱电线路的改动一定要找专业技术人员完成。小区的可视对讲、安全防范系统是收费服务，只有物业服务企业指定的专业人员才能移动，一旦私自移位造成系统损坏的，要照价赔偿。

（3）水路的改动

提醒业户，主水路不能动，原有防水层不能破坏，卫生间需做闭水试验。严禁将没有防水要求的房屋或阳台改为卫生间、厨房，严禁乱接水管，强行改动造成的后果由业户承担。

2.户型改造管理

小区的户型，是专业设计师精心设计的，业户在购买房产时已经了解并认可该户型。因此一般没有必要进行改建，而且也不准改建，任何改建都将影响到整栋楼的安全。

 小提示

如果业户改动户型，将会发出很大的响声。一旦发现可疑情况，物业管理处应及时派人查看，发现业户私自改动户型的可以先要求施工人员停工，等业户到现场说明情况后再进行处理。

3.地砖铺设

业户在铺设房间的地砖时，物业管理人员要提出如下建议。

① 地砖干铺时，不能铺设太厚的混凝土层，以防楼板荷重太大。

② 地砖湿铺时，不能大面积地灌水泡地板，因为除了卫生间，其他房间都没有设

置防水层，若大面积灌水会导致房屋漏水，对楼下业户造成损失。

③ 卫生间的地板一定要做好坡度，角度可以相对大一些，以便及时排水。

④ 地漏一定要用防臭的，地漏、阴阳角、管道等地方要多做一次防水。

4.厨房、卫生间管道施工管理

业户进行厨房和卫生间的管道施工时，物业管理人员要提出如下建议。

① 下水管道最好用塑料扣板封闭，不主张用水泥板、瓷片封闭，否则在将来维修时会增加维修难度和恢复成本，尤其是底层业户更应该注意。

② 厨房的烟道开口位置是根据国家规范设计的，不能做任何改动，否则极易产生串烟现象。如果业户执意要改，应说明将来出现故障，物业管理处不会接受其报修。

③ 厨房的燃气管道不能改动，否则燃气公司将不会通气；同时也会存在安全隐患。一旦改动发生泄漏，后果将十分严重。

5.木工施工管理

相对来讲，物业管理处对业户的木工施工管理得比较宽松，只需要查看业户的装修进度，注意施工人员的用电安全、消防安全，公共区域施工问题、环境卫生的保持等方面的问题。

 小提示

物业管理人员需要提醒业户，在吊顶和家具内安装的电线一定要穿管，尽量少安装大功率的照明设备，以减少火灾隐患。

6.油漆施工管理

油漆施工管理，也是相对比较宽松的管理环节。物业管理人员需要提醒施工人员注意环境卫生，不能影响到相邻业户的正常生活，施工时一定要关闭进户门。提醒业户在恶劣天气情况下要及时关闭门窗，以防已经完成的油漆工程被破坏。

 小提示

在业户材料进场和水电路改造阶段，物业管理人员最少每天巡查一次，对于有违规意图的业户，一天要巡检两次；对后期的木工和油漆施工，一般一天或两天巡检一次就可以了。

五、装修验收

装修工程完工后，业户应书面通知物业管理处来验收。物业管理处应派人检查装修工程是否符合装修管理的要求，施工中有没有违反装修守则，费用是否缴足等。如无问题，即予验收通过。

1. 装修验收的流程

装修验收的流程如图3-3所示。

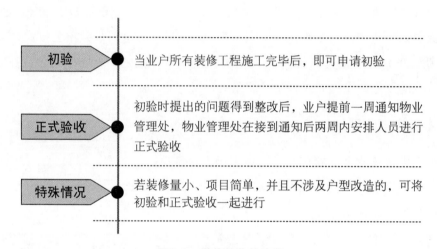

初验	当业户所有装修工程施工完毕后，即可申请初验
正式验收	初验时提出的问题得到整改后，业户提前一周通知物业管理处，物业管理处在接到通知后两周内安排人员进行正式验收
特殊情况	若装修量小、项目简单，并且不涉及户型改造的，可将初验和正式验收一起进行

图3-3 装修验收的流程

2. 装修验收的要求

① 业户在装修时存在违章行为，并没有整改的，不能进行验收。

② 初验提出的问题必须得到彻底的整改，在正式验收时仍不合格者，将不进行验收并处以相应的处罚。

③ 业户申请正式验收后，物业管理处应收回装修施工单位的出入证并存档；对遗失的证件扣除押金。

3. 正式验收

正式验收，由工程部组织相关人员参加，针对初验中提出的问题进行逐项查验。

对初验合格后，又增加装修项目的业户，若无违章装修，要求其补办装修申请；有违章装修的，按管理规定中的装修违章处理条款处理，并立即停止对该业户的验收，直至整改完毕后再进行正式验收。

【实战工具03】▶▶ --

装修竣工验收表

致：_____（业户名称）
住址：____层____室

您于____年____月____日所申请验收之项目如下：
1.分项验收　□空调打压　　□空调管道冲洗　□防水工程　□钢化玻璃
　　　　　　□烟雾感应测试　□消防广播测试　□结构改动　□其他_____
2.隐蔽检查　□空调　□强电　□弱电　□给排水　□消防　□线路　□墙体　□吊顶
　　　　　　□其他_____
3.系统验收　□空调　□强电　□弱电　□给排水　□消防　□建筑布局　□其他_____
4.开通　　　□正式电　□电话/电视　□生活用水　□冷却水　□冷冻水
　　　　　　□其他_____

监理公司验收意见：_____

安保部验收意见：_____

工程部验收意见：_____

客户服务部意见：_____

验收结果：□准予通过　□不予通过

物业工程部签字：_____	物业安保部签字：_____
日期：	日期：
监理公司签章：_____	业户签字：_____
日期：	日期：

备注：1.报请物业工程部验收的须持监理公司分项验收报告及竣工详细图纸
　　　2.系统验收以消防部门最后验收结果为准

六、对违规装修的处理

　　虽然物业管理人员严格执行了业户装修管理的流程，加强了日常装修巡查，但仍然难以避免违规装修情况的出现，有些业户为了满足自己的需求，明知自己的装修行为违规却一意孤行。这就需要物业管理人员努力沟通，尽量减少严重违规装修情况的出现。

1. 户型改动

这一类装修是最严重的违规装修，其主要表现如图3-4所示。

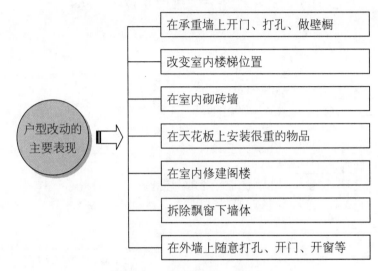

图3-4　户型改动的主要表现

物业管理处应该坚决制止这一类装修，必要时可以采取一些非常手段；同时上报相关管理部门共同处理。

2. 改变房屋用途

这一类违规装修行为的主要表现如图3-5所示。

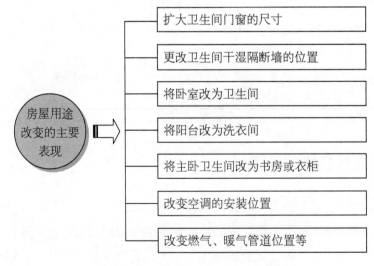

图3-5　房屋用途改变的主要表现

针对这类违规装修行为，物业管理处应尽量阻止，告知业户这样改动将会承担的后果，可能会给其入住以后的生活带来的麻烦等。将改动情况详细记录在档案中，并让业户签字确认。

3.线路改动以及房屋外观改变

这一类违规装修行为的主要表现如图3-6所示。

- 破坏卫生间的防水层
- 上水管道暗铺在地板内
- 用水泥板和瓷片封闭卫生间和厨房的下水管道，未预留检修孔
- 改动主下水管道
- 改变烟道的开孔位置

- 将污水管连接到雨水管中
- 改变可视对讲的位置
- 改变进户门样式、颜色
- 改变窗户玻璃颜色
- 随意安装防盗网等

图3-6　线路改动以及房屋外观改变的主要表现

同样，物业管理处也应尽量阻止其改动，告知业户这样改动将会承担的后果，同时相应的房地产公司承诺的房屋保修期也会取消。将改动情况详细记录在档案中，并让业户签字确认。

4.破坏环境卫生

这一类违规装修行为的主要表现如图3-7所示。

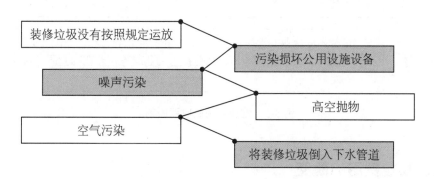

图3-7　破坏环境卫生的主要表现

这一类违规一般是施工人员造成的，整治这类违规需要安全部和保洁部的密切配合，"发现一起严肃处理一起"，必要时可以要求相关人员离开小区，但一定要及时联系施工负责人和业户，讲明原因，避免误会。

第二节　物业费用管理

物业服务收费，是指物业服务企业按照物业服务合同的约定，对房屋及配套的设施设备和相关场地进行维修、养护、管理，维护相关区域内的环境卫生和秩序，向业户所收取的费用。物业服务费的收取与使用是业户生活质量和安全的重要保障。

一、物业费用的收取原则

不同物业服务企业为业户提供的服务项目不同，其收费标准也是不同的，有些服务项目的收费标准是物业服务企业与业户面议洽谈后制定的；有些服务项目的收费标准是按政府有关部门的规定执行的。因此，物业管理处在收取物业服务费时也要遵循一定的原则，具体如图3-8所示。

1 不违反国家和当地政府的有关规定，遵循合理、公开，以及费用与服务水平相适应的原则

2 应当按照政府价格主管部门的规定实行明码标价，在物业管理区域内的显眼位置，将服务内容、服务标准，以及收费项目、收费标准等有关情况进行公示

3 应当区分不同物业的性质和特点分别实行政府指导价和市场调节价。实行市场调节价的收费项目，由业户与物业服务企业在物业服务合同中约定

图3-8　物业费用的收取原则

二、物业费用的催交

当上月物业服务费被拖欠时，物业管理处应在第二个月向业户发催款通知单，将上月费用连同滞纳金，以及本月费用一起通知业户，并经常打电话催交。在通话中要注意文明礼貌。

如果第二个月的费用仍被拖欠，物业管理处应在第三个月再次发催款通知单，将此前两个月的费用、滞纳金和当月费用一并通知业户，并限期三天内交清；三天过后仍不缴清费用的，物业管理处将根据管理公约停止对其服务。如果业户在收费员上门催交后仍然拒付，物业管理处可根据管理制度以及相应的法律法规处理。物业服务企业可将这些条款写进管理公约中，依照约定催交物业费用。

【实战工具04】 ▶▶▶ --

催款通知单

_____业主：

　　您好！

贵单元从____年____月至____年____月所欠的物业管理费、车位费、滞纳金总额共计人民币_____元。我司××客户中心曾以书面、电话等形式催交，但您目前仍未配合交款工作。根据××前期物业管理服务协议、××省和××市有关物业管理政策法规中相关条款，您应当交纳以上费用。在此，再次请您于____年____月____日前到××客户中心交清欠款。

　　为共同维护××物业管理服务系统的正常运作，对逾期仍未交款的业户，我司将按××前期物业管理服务协议及业主公约约定的条款，对其停止相应的服务。如有疑问请与××客户中心直接联系。

　　特此通知。

××市××物业管理有限公司

20××年××月××日

三、物业费用的公示

物业服务费的收取事关所有业户的切身利益，因此，物业服务企业必须根据国家规定将各种收费标准及时公布出来，以便业户了解自己被收取了哪些费用，让业户享有充分的知情权。

1.公示时间和位置

物业管理处应当每年或者每半年公示一次相关物业经费收取、使用等情况，接受业主监督。

2. 公示方式

公示方式以公示牌（栏）公式为主，即在物业服务中心、宣传橱窗等物业管理区域内的显眼位置进行公示。有条件的企业可同时通过收费手册、LED显示屏、社区网站、物业管理平台、业主微信群、多媒体终端查询等予以公示。

3. 公示内容

物业管理处应当在物业管理区域内显眼位置设置公示栏，如实公示、及时更新以下信息，同时通过互联网告知全体业主。

① 物业服务企业的营业执照，项目负责人的基本情况、联系方式，以及物业服务投诉电话。

② 物业服务合同约定的服务内容、服务标准、收费项目、收费标准和收费方式。

③ 物业服务人员的权利和义务。

④ 电梯等专业设施设备的日常维修保养单位的名称、资质、联系方式、维修保养方案和应急处置方案等。

⑤ 上一年度物业服务合同履行及物业服务项目收支情况、本年度物业服务项目收支预算。

⑥ 上一年度公共水电费用分摊情况，物业费、公共收益收支情况与专项维修资金使用情况。

其中，根据《中华人民共和国民法典》第二百八十二条相关规定，建设单位、物业服务企业或者其他管理人等利用业主的共有部分产生的收入，在扣除合理成本之后，属于业主共有。

 小提示

一般来说，住宅小区公共收益范围包括楼道、屋面、电梯、外墙、道闸等广告位租赁费，公共场地、公共道路的使用费，公共场地摆摊、自助售卖机、快递柜等进场费，通信基站等设备占地费，属于全体业主的会所、幼儿园、物业服务用房、架空层等公建配套用房或公共场地的租金收入等。

⑦ 业户进行房屋装饰装修活动的情况。

⑧ 物业管理区域内车位、车库的出售和出租情况。

⑨ 其他应当公示的信息。

【实战工具05】▸▸ --

公共收益收支情况公示表

_____物业服务项目　　　　　　　　　　　___年___季度

一、收入情况			
序号	收入科目		收入金额	收入周期
1	公共停车场租金			
2	公共场地租金（除公共停车场租金外）			
3	共用部位广告经营	电梯轿厢广告		
		户外广告		
		其他共用部位广告		
		……		
4	公建配套用房经营			
5	公共游泳池经营			
	……			
	……			
当前收入合计：				
二、支出情况			
序号	支出科目		支出金额	支出周期
1	经营管理成本	人工成本		
		材料成本		
		……		
2	经营管理相关税费			
3	共用设施设备维修、更新、改造及日常养护	电梯设备		
		消防设备		
		监控设备		
		……		
4	共用部位维修、更新、改造	共用外墙面		
		共用屋顶		
		……		
5	其他			
	……			
当前支出合计：				
当前结余总计：				

四、收费难的应对措施

物业管理处在收费过程中，经常会遇到收费难的问题，因此而产生的纠纷和矛盾非常多。物业经理应采取适当措施来应对物业收费难的问题。

1.弄清业户拖欠的原因

几乎所有的业户在拖欠物业管理相关费用时，都会找出各种各样的理由和借口。

比如，因为对物业服务企业的安保服务不满意，对工作人员的服务态度不满意，对保洁服务有意见，或因公共设备设施的权属不明，家中东西被盗等。

当业户欠费时，物业管理处应立即对业户所提出的理由进行判断，分析其拖欠的真实原因和意图。一般来说，主要有表3-1所示的两种原因。

表3-1　拖欠费用的原因

序号	拖欠原因	具体说明
1	善意拖欠	确属物业服务企业方面的原因造成的拖欠，称为"善意拖欠"。对于善意拖欠，可通过双方沟通、协调，达成一致的解决办法，意在及时收回欠款的同时维护与业户的良好关系
2	恶意拖欠	如果业户对物业服务企业某方面的工作不满意，从而拒交所有的费用，导致物业服务企业不但不能收到物业管理费，还要垫付理应由业户承担的水、电公摊费等费用，这种情况则属"恶意拖欠"

 小提示

对于恶意拖欠，物业经理必须给予高度重视并采取强有力的催交措施，加强对应收账款（费用）收回情况的监督。

2.密切关注应收账款（费用）的回收情况

一般来讲，拖欠的时间越长，催收的难度越大，款项收回的可能性越小。因此，物业经理应密切关注应收账款（费用）的回收情况，以免影响其他业户交纳相关费用的积极性。

① 对已掌握的业户信息进行分析，对已形成欠款的业户进行分类，并对欠款较多的业户进行重点关注。按照业户性质来分，可分为政府机构、大型企业、普通企业、个人业户等；按建立业务关系的时间来分，可分为老业户、新业户；按欠款金额大小来分，可分为重要业户、一般业户和零星业户。

② 编制应收账款（费用）账龄分析表。利用应收账款账龄分析表可以了解有多少欠款尚在信用期内，这些款项虽然未超出信用期，但也不能放松管理和监督，预防新的逾期账款（费用）产生。另外，利用应收账款账龄分析表还可以了解有多少欠款因拖欠时间太久而可能成为坏账，这些信息和分析数据都是物业经理制定收账政策和选择收账方式的重要依据。

> 💡 **小提示**
>
> 　物业管理处一般将业户信用期确定为一个月或半年等，但有的业户习惯年中或年末一次性交款，虽然拖欠了几个月，只要在年内结清，都应视为正常。

3.选择恰当的收费策略

对不同拖欠时间的欠款、不同信用品质的业户，物业管理处应采取不同的催款方法和策略，这样往往会起到事半功倍的效果。

（1）催款方式

催款的方式一般是循序渐进的，即信函催款、电话催款、上门催款、协商或者仲裁、诉诸法律，具体方式如图3-9所示。

 对逾期时间较短的业户，不要过多地打扰，以免引起业户的反感；对逾期时间稍长的业户，可以委婉地电话催款

 对逾期时间较长的业户，可以连续发送催款单催款、电话催款或者上门催款

 对逾期时间很长的业户除了不断发送催款单催款、电话催款或者上门催款外，必要时可申请有关部门仲裁或提起诉讼

图3-9　催款方式

（2）防止超过诉讼时效

物业管理处在应收账款（费用）的催收过程中，一定要想办法防止超过诉讼时效，不造成诉讼时效的中断，保全企业的收入。工作人员在催收欠款时，要争取搜集到业户欠款的证据，依法使诉讼期延后。

比如，工作人员亲自上门送催款单并请债务人（业户）签字；对部分还款的债务人（业户）应请求其在发票或者收据上签字；对欠款金额比较大的债务人（业户）可以为其制订还款计划，双方在还款计划书上签字确认。

（3）对欠费业户施加足够的压力

业户欠款时间长短往往取决于收款人员的态度。大多数严重拖欠行为都是因为在拖欠发生的早期，物业管理处的收款人员没有对欠费业户施加足够的收款压力。有效地对欠费业户施加压力，应注意图3-10所示的几点。

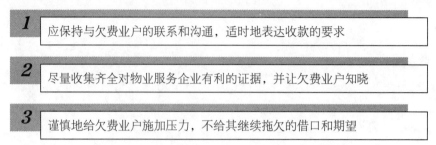

图3-10　对欠费业户施加压力的注意事项

4.建立应收账款（费用）坏账准备制度

无论物业服务企业采取什么样的信用政策，只要存在商业信用行为，坏账损失总是不可避免的。

既然坏账损失无法避免，企业就应遵循谨慎性原则，对坏账损失预先进行估计，建立应收账款（费用）坏账准备制度。物业管理处应根据业户的财务状况，正确估计应收账款（费用）坏账风险，选择适当的坏账准备会计政策。

根据现行会计制度规定，只要应收账款（费用）逾期未收回，符合坏账损失的确认标准之一的，物业服务企业均可采用备抵法进行坏账损失处理。

5.做好业户的沟通工作

业户欠费各有原因，物业经理应派专人多走访欠费业户，深入了解情况，针对性地做好说服沟通工作。那些不了解情况、不理解收费道理、不明白收费用途、误解物业服务企业的欠费业户，经过解释沟通，大多数都能改变态度。

物业管理处应时刻与业户保持良好的沟通，了解业户的需要，及时发现各种潜在的问题，并把它消灭在萌芽状态。热情、周到、真诚是有效开展物业管理各项服务工作的前提条件。

6.借助业主公约和业主委员会的力量

在走访业户的同时，还要借助业主公约和业主委员会的力量。业主公约是由全体业户共同制订的关于物业的共有部分和共同事务管理的协议，对全体业户具有约束力。

　　按时交物业服务费是业主公约规定的每个业户的应尽义务。物业管理处应充分重视业主公约的作用，宣传业主公约的精神，积极协助业户组织督促业户履行业户公约，发挥业主公约的基础规范作用。

　　同时，物业管理处可以要求业主委员会履行物业管理条例，让其帮助催交欠款。

7.完善物业管理服务合同

　　制定双方权利义务明晰的服务合同，详细明确地约定服务范围、服务项目、收费标准与收费方式及违约处罚办法等，为后期减少纠纷，解决纠纷打下良好的基础。这也是在许多外在条件不具备的情况下，物业服务企业与业户解决相关问题的有效依据。

五、多渠道在线收费

　　在移动支付越来越普及的今天，为业户提供便捷的移动支付渠道，让业户缴费更方便，是物业服务企业应有的最基本的服务。

　　一般来说，物业服务费的在线收取有表3-2所示的几种方式。

表3-2　物业服务费在线收费方式

序号	收费方式		具体说明
1	微信公众号支付		现在不少物业服务企业都有开通微信公众号缴费功能，业户通过关注物业服务企业的微信公众号，绑定业户身份后，即可在线完成相关物业费用的支付
2	支付宝生活号支付		业户通过关注物业服务企业的支付宝生活号，绑定业户身份后，即可在线完成相关物业费用的支付
3	扫码支付	物业收费人员扫码	业户前往物业管理处交费，打开手机微信或支付宝钱包，出示付款码，物业收费人员从物业收费系统中查询业户的欠费信息，并点击"扫码收款"功能按钮，使用扫码枪扫描业户的付款码即可完成收款
		账单二维码	物业管理处每月向未按时缴费的业户派发缴费通知单，通知单上印有可用于缴费的二维码，业户收到通知单后，使用手机扫描二维码即可完成查费缴费。业户无需安装APP或关注微信公众号，采用微信、支付宝或其他通用扫码工具即可扫码支付
		固定二维码	物业管理处在社区公共区域的醒目位置，张贴固定的物业缴费二维码，业户通过手机扫码实现在线缴费

续表

序号	收费方式		具体说明
4	企业办公APP支付	业户主动扫码	物业收费人员打开本企业办公APP，查询业户的欠费账单，确认费用，并在办公APP中生成一个收款二维码，业户打开微信或支付宝的"扫一扫"功能，扫描收费人员办公APP上的二维码，即可完成付款
		物业收费人员主动扫码	物业收费人员打开本企业办公APP，查询业户的欠费账单，确认费用，业户出示微信或支付宝的付款码，物业收费人员使用办公APP的"扫一扫"功能扫描业户的付款码，即可完成收款
5	自助缴费机支付		如果物业服务企业安装了自助缴费机，业户可以通过自动缴费机，实时查询和交纳物业服务费、停车费等费用

第三节　服务质量管理

物业管理处服务质量的好坏需要业户来评价，业户满意度直接影响物业服务企业的形象，也是减少物业纠纷、预防业户投诉的决定因素。物业经理应采取相应措施来提升物业服务质量。

一、加强服务培训

物业管理属于服务行业，所提供的商品是无形的"服务"，这各项管理都是为了给业户提供满意的服务。物业管理处要从点滴做起改善服务质量，使每一点改善都能给业户带来更大的方便。对此，物业经理可从图3-11所示的两个方面来加强员工培训。

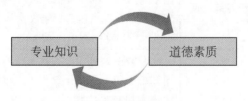

图3-11　员工培训的内容

1.专业知识培训

通过加强对员工的专业知识培训，不断提高员工自身综合素质。优秀的员工是提升物业服务质量的保障，物业员工要做好业户的投诉处理，不抱怨业户，把业户的投诉作为资源，帮助企业改进和完善物业服务，遵章办事，一丝不苟。

2.道德素质培训

物业企业属于服务性企业，所提供的商品是物业服务，物业管理处的各项管理说到底都是为业户提供满意的服务。如何使业户满意？让业户满意就要提升物业服务品质。物业管理不同于其他行业，它对员工的道德素质要求较高，所以在对员工进行专业技能培训的同时更应该注重员工个人素质方面的培训。

对每一位员工进行道德素质培训，培养员工与人沟通、协作的能力。具有良好的亲和力是做好物业管理的必要条件，每一个物业管理人员都要注重和业户建立良好的关系，在日常工作中积极热情地为每一位业户服务，对一些不太了解、抱怨甚至投诉物业管理工作的业户，要主动上门与其沟通、交流。物业管理人员不要怕被业户指出缺点，学会感谢业户提出意见，给予改正和进步的机会，使业户从不了解企业到理解、信赖企业。

 小提示

减少投诉应加强员工培训，不仅要培养员工使用规范用语、进行规范操作的习惯，还要培训员工的灵活服务技巧和应变能力，更要加强员工的服务意识和职业道德教育，并配以奖惩机制，督促、激励员工提供优质服务。

二、树立服务理念

在物业管理过程中，物业经理应当把管理与服务理念进行有效融合，将管理寓于服务中，切实有效满足业户多个层面的需求。

1.在物业管理中突出服务理念

从物业管理到物业服务不仅仅是字面上的变化，更是一种工作理念的重大变化，这给传统的物业管理工作带来了重大变革。传统的物业管理主要注重对物业区域运行所需要的各项水、电、气等设施进行维护，将工作重点放在了管理层面上。而物业服务理念则更多的是强调服务，将一切工作的开展均放在对业户进行有效服务层面上。在这种工作理念的指导下，物业管理人员在具体的管理工作中能够主动接近业户，切实从业户生活的角度出发，发现业户可能存在的需求并进行有效解决。

服务是物业服务企业的灵魂与主旨，这就要求物业管理活动在开展过程中应当将服务业户放在重要的位置上，并将其作为一种重要的责任与追求，能够积极以自身的力量切实为业户提供优质的服务。

2.提高认识，不断更新服务理念

为了提供良好的物业管理，在具体的工作开展过程中应当积极加强对物业管理的认知，结合物业管理中出现的新需求切实优化物业管理服务，及时更新物业服务理念。

① 在物业管理过程中能够对公共设施以及硬件设备采取有效的管理与维护方式，切实为业户服务。

② 物业管理工作不能是一成不变的，而要在具体的细节层面上不断优化，物业管理工作的开展要做到未雨绸缪，物业管理人员能够充分倾听业户的心声，并对其进行有效服务。

比如，可以为老人提供方便服务，精准关爱小区里的一些老人；对于在小区管理过程中发现的一些问题，可以采用张贴温馨提示语的方式告知广大业户，避免业户在生活过程中再出现同样的问题；加强小区的美化工作，为广大业户提供良好的生活居住环境；将安全工作放在重要的位置上，加强对于常见安全隐患的有效排查，确保业户的居住安全。

③ 在人们的生活越来越多样化的背景下，人们的居住需求也产生了层次性变化，因此物业管理人员在物业服务过程中可以针对不同类型的业户采取不同的服务方式。能够对业户的需求进行多层次的分析，比如针对一些饲养宠物的业户可以在其外出情况下提供宠物看护服务。

3.以服务为中心，不断调整服务项目

在瞬息万变的市场环境下，物业服务工作的开展应当充分适应市场变化，结合业户的最新需求进行服务项目的调整，具体措施如图3-12所示。

 建立良好的权责意识，能够正确处理与业户之间的关系，在服务过程中始终树立法治观念与法治意识，积极为业户提供高效的管理与服务

 充分运用现代的服务管理理念，提升业户在居住过程中的自豪感与归属感，将物业管理的发展功能、凝聚功能以及服务功能充分发挥

 建立有效的社区文化建设机制，积极提升物业管理人员的专业服务意识和专业工作能力，切实将业户的需求放在重要位置，加强对社区文化及环境的多个层面建设与规划

主动为业户送温暖，在业户有困难的情况下及时伸出援手

 充分结合目前社区文化以及现代物业管理的工作思路与工作方式，对小区的物业管理进行有效优化，积极加强与业户的良好沟通与互动，直接倾听业户的需求，并为业户提供相应的解决方案

图3-12　调整服务项目的措施

三、强化服务意识

要想把物业服务工作做好，首先要从改变管理机构内部着手，管理者要进行思想意识的转变，加强员工思想道德素质和自身素质的培养，增强员工的服务意识和创新意识。同时，转变内部机制，增强员工的竞争意识，这样服务的质量自然就会有显著提高。

1.管理者要进行思想意识的转变，强化服务意识

物业经理应加快自身思想意识的转变，提高服务市场建设的投资决策与预见性，不断地进行关于提高服务水平的理论和方案的探讨，同时加紧对外部优秀企业的考察和学习，不断引进他人成功的经验，逐步推动服务管理水平向更高、更好的方向发展。

2.加快人才培养，形成具有专业化服务水平的技术力量

企业要想参与市场竞争，必须能为市场提供优质的产品。物业服务企业能为市场提供的产品是服务，而人才是物业服务企业能够提供优质服务的关键。所以，加快人才培养是物业服务企业提供优质服务的基础。可采取图3-13所示的措施加快人才培养。

图3-13　加快人才培养的措施

3.改变内部机制，增强员工的市场竞争意识

企业改革的主要目的是完善其运行机制，要改变内部机制，增强员工的市场竞争意识，首先要加强员工业务素质的考核，做到奖罚分明；实施竞争上岗，符合服务要求的人员继续聘用、不符合服务要求的人员严格实施解聘；优化人才的选聘，在社会上实施专业技术岗位人才选聘，保证先进管理技术能够在企业中得到运用。

四、规范服务行为

物业管理的本质是服务，随着生活水平的提高，人们对现代物业服务的要求越来越高，所以物业管理处必须提供规范化服务，努力提升服务水平，以满足业户的需求，减少业户的投诉。规范服务行为的具体要求如图3-14所示。

图3-14　规范服务行为的要求

1.规范服务标准

员工服装统一、举止文明、态度和蔼、语言亲切，是物业服务的统一标准，只有在服务标准上多下功夫，打造一支业务水平高、管理经验丰富、自身素质强的物业管理队伍，才能满足当今物业管理发展的需要，才能满足业户的需要。

2.引入质量管理体系

在日常服务管理工作中引入ISO 9001质量管理体系，能够有力地保证各项物业管理工作的落实，同时，还能够在其他方面提高管理水平。

 小提示

一般通过质量管理体系认证的物业服务企业，都是一个服务水平高、管理完善、广大业户信得过的好企业。

3.加强与业户的有效沟通

服务好业户的另一个关键，就是要在提高服务质量的同时，加强与业户的沟通与联系，物业管理人员应经常把有关的规定和要求通过各种渠道传达给业户，使其理解、支持和配合物业管理工作，这是减少投诉的有效做法。

五、创新服务手段

时代不断前进，科技不断发展。在日常物业管理服务过程中，要加快先进技术和设备的引入，减少管理人员，提高服务的准确性和工作效率。

比如，日常收费管理可使用专业物业管理软件，方便物业管理人员对大量业户资料和收费资料的查询和存档；小区安装全方位电子安防监控系统、可视对讲系统、周界防越报警系统，使物业服务更加方便快捷，业户生活更加舒适安全。

先进科学技术在物业管理中的运用，势必会提高服务水平，提高业户的生活品质，使物业管理处的服务更加快捷和方便。

第四章
物业安全管理

安全管理在整个社会中具有重要的地位和意义，是各种社会活动的基础和保障。在物业管理活动中，安全管理不仅关系着业户的生命财产安全，还保障了物业服务企业的正常运作。

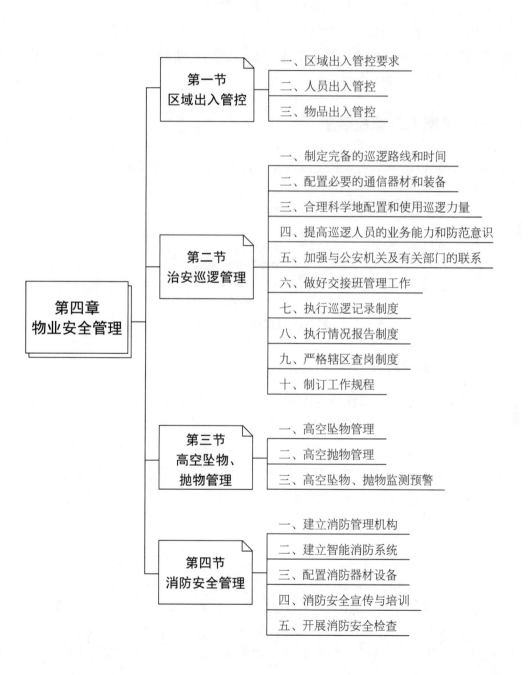

第四章
物业安全管理

第一节
区域出入管控
　一、区域出入管控要求
　二、人员出入管控
　三、物品出入管控

第二节
治安巡逻管理
　一、制定完备的巡逻路线和时间
　二、配置必要的通信器材和装备
　三、合理科学地配置和使用巡逻力量
　四、提高巡逻人员的业务能力和防范意识
　五、加强与公安机关及有关部门的联系
　六、做好交接班管理工作
　七、执行巡逻记录制度
　八、执行情况报告制度
　九、严格辖区查岗制度
　十、制订工作规程

第三节
高空坠物、
抛物管理
　一、高空坠物管理
　二、高空抛物管理
　三、高空坠物、抛物监测预警

第四节
消防安全管理
　一、建立消防管理机构
　二、建立智能消防系统
　三、配置消防器材设备
　四、消防安全宣传与培训
　五、开展消防安全检查

第一节 区域出入管控

区域出入管控是指由专人对指定的大门或道口严格把守，对进出的车辆、人员、物品等进行检查、验证和登记等一系列工作，以维护物业辖区内部治安秩序，保障业户生命及其财产安全的一种安保业务活动。

一、区域出入管控要求

对于区域出入口的管控，物业经理应提出如图4-1所示的要求。

图4-1　区域出入管控要求

1.上岗执勤要文明

出入口既是反映物业精神文明程度的窗口，也是反映物业管理服务质量和服务水平的窗口，因此，物业经理应要求秩序维护部的员工做到文明执勤。

① 秩序维护员在执勤时必须规范着装，做到服装整洁、仪表端庄、精神饱满，态度和蔼、礼貌待人，办事公道、坚持原则、以理服人，尽职尽责、热情服务。

② 秩序维护员执勤时不准擅离职守，不准闲聊打闹，不准酗酒吸烟，不准私自会客。

 小提示

业户出入大门时，秩序维护员应有礼貌地行举手礼放行，并微笑迎送。应机动灵活地执勤，将主要注意力放在那些陌生人员、车辆、物品上面；同时，预知什么时间是人员、车辆进出高峰期，适当调整勤务安排，把主要力量放在重点时间、重点部位和重点人员上面。

③ 秩序维护员严禁刁难人、打骂人、欺压人，严禁对人粗暴无礼，不准有侮辱他人人格的行为出现。

2.多使用礼貌用语

秩序维护员应多使用礼貌用语，为业户提供良好服务。不同情况下礼貌用语的使用不同，具体如下。

① 面对当日第一次遇到的业户，应立正敬礼，并根据具体时间向业主问好，如"早（晚）上好！""上（中、下）午好！"

② 当面对陌生人时，要起立问候"先生（小姐、女士），您好！"或"请问您有什么事吗？"

③ 当访客对登记有效身份证号一事有异议时，要用诚恳的语气告诉对方，"对不起，登记身份证号码是公司的规定，请您支持！"

④ 当有访客走出时，要准确填写其离开时间，同时说："请慢走！"

⑤ 当遇到由公司或物业管理处领导陪同客人前来参观时，应立正敬礼并礼貌地说："欢迎各位领导光临指导！"

⑥ 如有业户询问不属于自己工作职责的事或自己不了解的情况时，不要轻易回答，应礼貌地解释说："对不起，我不了解这个情况，如果需要，我帮您询问一下，一会给您回复。"

3.执行制度要严格

物业出入管理制度是为了维护物业辖区内部治安秩序稳定，防止业户人身受到伤害和财产遭受损失，保障生产生活正常进行而制定并实施的要求人们共同遵守的人员和物资进出大门的规程和准则。

出入口的秩序维护员要及时做好制度的宣传解释工作，取得业户的理解和支持，以便更好地开展工作。

4.查验人、物要细致

查验人、物要细致是指在查验出入人员证件与核对进出车辆、物品时要认真负责，仔细观察，不要忽视任何可疑的细节，要善于对人和物进行查验。其查验方法具体如图4-2所示。

在执勤过程中，秩序维护员要对可疑人员的姓名、年龄、籍贯、来去方向、活动时间、携带物品等情况进行全面仔细询问，并在询问中捕捉其疑点。

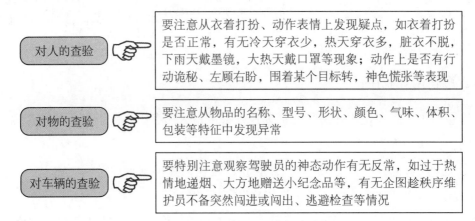

对人的查验	☞	要注意从衣着打扮、动作表情上发现疑点，如衣着打扮是否正常，有无冷天穿衣少，热天穿衣多，脏衣不脱，下雨天戴墨镜，大热天戴口罩等现象；动作上是否有行动诡秘、左顾右盼，围着某个目标转，神色慌张等表现
对物的查验	☞	要注意从物品的名称、型号、形状、颜色、气味、体积、包装等特征中发现异常
对车辆的查验	☞	要特别注意观察驾驶员的神态动作有无反常，如过于热情地递烟、大方地赠送小纪念品等，有无企图趁秩序维护员不备突然闯进或闯出、逃避检查等情况

图4-2　查验方法

比如，说话的口音与其自报的籍贯不符，身份证件有涂改、伪造的痕迹，衣着打扮与其自述身份不符，携带物品的数量与其表述相矛盾等。对于一些回答问题支支吾吾、前后矛盾、漏洞百出或行为反常、举止可疑的人员更要特别加以注意。

对可疑人员进行必要的检查，注意检查其是否携带违禁物品，若发现其携带物品与描述不符的，要扣留物品作为证据，必要时可暂扣车辆；若有确凿证据表明可疑人员有犯罪嫌疑的，应当将其扭送到公安机关审查。

5.处理问题要灵活

出入口秩序维护员所处的位置很重要，是人、物出入物业辖区的必经之处，人员流动量大，车辆进出频繁，物资进出量也很大。所以，出入口秩序维护员在执勤过程中对具体问题要灵活处理。具体要求如图4-3所示。

| 对于原则性问题必须严格把关，坚持原则，不能有丝毫让步，如物资出门无放行条不能放行、无关人员无出入证不得随意出入、外来访客不履行来客登记手续不得入内等 | 原则性问题　非原则性问题 | 对于非原则性问题可以灵活处理，不能过于拘泥，不宜过多纠缠，否则会浪费过多时间，花费许多不必要的精力，影响了对原则性问题的处理 |

图4-3　灵活处理问题的要求

 小提示

处理问题要灵活是指处理问题时要随机应变，把原则性问题和非原则性问题区分开来，然后针对不同性质的问题采取不同的处理方法，以便及时妥善地处理问题。

6.交接班工作要清楚

出入口秩序维护员换岗交接的内容，一般包括执勤情况、应注意的问题和待办事项。交接班的方法根据出入口秩序维护员勤务的性质、特点和周围环境、交接时间，可分为同向交接、异向交接和侧向交接三种，具体如表4-1所示。

表4-1　交接班的方法

序号	交接方法	具体说明
1	同向交接	即交接班的秩序维护员面向同一方向并肩站立进行交接，常用于执勤环境较好，门前没有杂乱的人、车、物等情况的一般出入口保安勤务的交接
2	异向交接	即交接班的秩序维护员相距1～2米，相对站立进行交接，常用于情况比较复杂或夜间的出入口保安勤务交接。特殊情况下，也可并肩而立或者背靠背站立交接
3	侧向交接	即交接班的秩序维护员相距1米以上，面向内侧站立进行交接，常用于白天出入口保安勤务交接

二、人员出入管控

物业区域每天有大量的人员出入，不仅有业户，还有来访人员、作业人员，为了保证区域内业户的人身、财产安全，物业经理必须做好人员出入管控。

1.须进行登记的人员

业户、物业服务企业领导及员工进出物业区域不用登记。外来客人（包括业户的亲友、各类访客，装修等作业人员，物业服务企业员工的亲友等）一律实行进出登记制度。

2.来访人员出入迎送与登记要领

① 当有人员来访时，应主动点头、微笑示意，并用"先生（小姐），您好！请问您拜访哪位业户，住哪座、哪层？""请您出示有效身份证件登记。""请您用对讲设备与您朋友联系一下。""对不起，让您久等了，谢谢合作，请上楼。""对不起，实行验证登记是我们的工作规定，请您谅解"等话语予以提示或表示歉意。

② 认真核对证件和持有人是否相符，若不符则不予登记并禁止进入。准许登记的有效证件，特指有效期内的身份证、居住证、驾驶证等。

③ 来访人员必须说对所找业户的姓名及楼号等，必要时须与业户通话确认后方可登记进入。

④ 当来访人员出小区时，秩序维护员应及时核准，说"谢谢合作！""再见！""慢走！"等，并在来访登记表上记录其离开时间。

🔍【实战工具06】▸▸▸ ---

来访登记表

日期		来访人姓名	性别	年龄	住址	有效身份证件号码	被访人姓名	住址	来访时间	离开时间	值班人	备注
月	日											

三、物品出入管控

物业区域内经常有业户迁入迁出，需要搬运物品进出，对此，物业服务企业要做好物品出入管控，以保证业户的利益及安全。

1.物品的搬入

① 当业户或其他人往小区（大堂）内搬运物品时，秩序维护员应礼貌地询问是何物品，搬往何处。必要时可委婉地提出查验，确认无危险物品后，才能允许其进入。

② 当确认搬入物品属危险品时，秩序维护员应拒绝其进入。无法确认物品属性时，可报告班长或物业管理处。

2.物品的搬出

① 业户需要搬出物品，应提前到物业管理处办理手续，说明需要搬出的物品名

称、数量及搬出的大致时间，并留下本人身份证复印件，物业管理处按照业户提供的信息出具放行通知单，业户在放行通知单的存根上签字认可。物业使用人搬出物品则应由业户本人到场签字确认，方能办理。

②　秩序维护员收到业户递交的放行通知单后，应礼貌地对搬出物品进行查验，确认无误后，请业户在放行通知单的相应栏目上签名，秩序维护员则登记业户或搬运人的有效身份证件号码，并签上本人的姓名和放行的时间后放行，并对业户的支持与合作表示感谢。放行通知单须交回管理处。

③　若业户搬出物品时未办理放行通知单，秩序维护员应予提示并拒绝放行。特殊情况应立即报告班长或物业管理处处理。

④　业户搬出物品应及时搬离，不得放在小区门口或大堂等公共区域。

🔍 **【实战工具07】** ▶▶ --

放行通知单

放行通知单（存根）	放行通知单
大堂（岗）： 　　兹有＿＿＿座＿＿＿层＿＿＿室业户＿＿＿先生/女士委托/同意＿＿＿先生/女士于＿＿月＿＿日搬出＿＿＿＿＿＿＿＿＿＿＿＿＿＿＿＿＿＿＿等物品，已办理搬迁手续，请查验后予以放行。 管理处（章） ＿＿＿年＿＿＿月＿＿＿日 业户签名： ＿＿＿年＿＿＿月＿＿＿日	大堂（岗）： 　　兹有＿＿＿座＿＿＿层＿＿＿室业户＿＿＿先生/女士委托/同意＿＿＿先生/女士于＿＿月＿＿日搬出＿＿＿＿＿＿＿＿＿＿＿＿＿＿＿＿＿＿＿等物品，已办理搬迁手续，请查验后予以放行。 管理处（章） ＿＿＿年＿＿＿月＿＿＿日 业户或受委托人有效身份证件号码： 业户或受委托人签名： ＿＿＿年＿＿＿月＿＿＿日 值班安保员签名： ＿＿＿年＿＿＿月＿＿＿日＿＿＿时＿＿＿分 　　注：此联由管理处办公室人员于一周后查验并收回

第二节　治安巡逻管理

巡逻是指在一定区域内有计划地巡回观察，以确保该区域的安全。巡查工作是物业服务企业的一项最基础、最重要的日常工作，对真实、科学地反映物业区域内的情况起着十分重要的作用，因此，物业经理必须抓好辖区内的治安巡逻工作。

一、制定完备的巡逻路线和时间

为了防止秩序维护员在巡逻时发生失误或漏检，物业经理应提前制定完备的巡逻路线和时间，并严格要求秩序维护员按照巡逻路线和时间进行巡逻，以保证巡逻任务的顺利完成，秩序维护员的巡逻路线如图4-4所示。

1.确定巡逻路线应考虑的因素

① 巡逻范围必须包括所有重点目标。

② 巡逻路线以最短为佳。

③ 不能让外人看出巡逻规律。

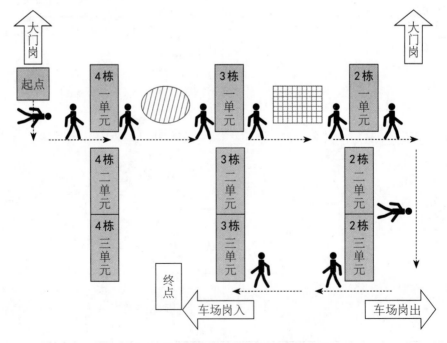

图4-4　某小区秩序维护员的巡逻路线图

2.确定巡逻时间应考虑的内容

确定巡逻时间最重要的依据是治安动向和刑事犯罪活动的规律、特点。具体巡逻时间的确定，主要应考虑以下三个方面。

① 不同性质、不同类型的案件在发生时间、地点等方面不同，所以巡逻时间也应有所区别。

② 有些犯罪活动受季节变化的影响，所以巡逻时间也应随着季节变化进行调整。

③ 根据各种案件在一天24小时内的发生数量变化，针对不同案件的高发时间，确定每天巡逻的重点时间。

下面是一份××物业管理处制定的巡逻路线的范本，仅供参考。

物业巡逻路线与时间的制定

巡逻路线与时间由物业经理制定，巡逻工作由秩序维护班长安排秩序维护员执行，并对秩序维护员的工作情况进行考核。路线制定原则：一是要切合实际，覆盖面广、范围大，符合小区治安管理要求；二是定点不定线，确定必须途经的重要地点，如配电间、空调机房等，路线可分为三路，每条路线上下、内外、重点与非重点搭配。秩序维护员应对重要地点进行反复巡逻，以加强控制。

一、巡逻班次

巡逻工作分早、中、晚三班，晚班每组必须2人以上。

二、日常巡逻路线

日常巡逻路线具体如下。

① 对小区外围的巡逻：确保停车场秩序良好，保障车辆交通安全，维持高峰时段的交通秩序。

② 对小区进出口通道的巡逻：检查边门通道、小区进出口周围、消防应急门安全装置及门锁。

③ 对重要地点的巡逻：查看配电间、空调机房、锅炉房、仓库、冷库、电话机房等。

二、配置必要的通信器材和装备

巡逻工作具有机动性强的特点，业务空间较大，经常会遇到各种各样的情况，需要及时通报、联络和请求援助；在发生突发事件时，也需要相关的装备配合处理。

因此，物业经理应按照有关规定，为执行巡逻任务的秩序维护员配置必要的通信器材及相关装备，以形成通畅的通信网络，保证秩序维护员之间、秩序维护员与指挥系统之间的正常通信和联系。一旦发生突发事件或意外事故，便于秩序维护员及时报告和请求援助，同时，也可以大大提高秩序维护员的应急处置能力。

三、合理科学地配置和使用巡逻力量

由于不同区域巡逻工作的要求不同，巡逻范围不同，重点保护目标的数量不同，因此秩序维护员的配置也存在差异。因此，物业经理在安排巡逻工作时，应根据不同的情况配置和使用巡逻力量。

① 对于巡逻范围大、重点保护目标多的区域，可在此设立秩序维护部或巡逻队，布置足够的巡逻力量执行巡逻任务。

② 对于巡逻空间小、没有重点目标或重点目标较少的巡逻区域则可适当安排巡逻力量，以避免造成人员上的浪费。

四、提高巡逻人员的业务能力和防范意识

巡逻工作的涉及面广、机动性较强，面对情况比较复杂，随时都可能遇到突发事件或意外事故，这对执行巡逻工作的秩序维护员提出更高的要求，因此，需要有一支素质高、业务能力强的秩序维护队伍执行巡逻任务。物业经理应要求每一名秩序维护员都经过专门训练，熟练掌握巡逻的业务知识和方法技能，只有这样，才能较好地完成巡逻任务，保证巡逻工作的正常开展。

另外，秩序维护员必须时刻保持警惕，加强防范意识，在执行巡逻任务时，要善于观察，善于分析，善于发现问题，不放过任何异常情况和可疑迹象，发现问题后果断决策，及时处理。

五、加强与公安机关及有关部门的联系

维护物业管理区域内的正常秩序和治安，协助公安机关制止和打击违法犯罪活动，是治安巡逻工作的一项重要任务。而且巡逻中遇到的许多突发事件需要公安机关

进行处理，巡逻工作离不开公安机关的支持。因此，物业经理必须加强与公安机关及有关部门的联系，取得业务上的支持与帮助。

六、做好交接班管理工作

大量事实证明，许多治安事件和犯罪活动都发生在秩序维护员交接班的时候。因此，物业经理必须加强交接班的管理工作，以加强辖区的治安管理，减少犯罪活动。

① 交接班应在指定的地点和时间内进行。

② 接班的秩序维护员应在规定的时间之前到达交接班地点，并在交接班地点周围一边巡逻，一边等候接班。

③ 交接班时应相互敬礼。交班秩序维护员在交班时，要将当班巡逻时管辖区域内的情况详细介绍给接班秩序维护员，并按规定进行防护器械等装备的交接。接班秩序维护员必须认真听取交班秩序维护员的介绍，做到"三明"，交班秩序维护员必须在交班前认真填好值班记录表，做到"三清"。"三明""三清"具体如图4-5所示。

图4-5 交接班"三明""三清"

④ 接班秩序维护员到点未到，交班秩序维护员应在报告上级的同时继续巡逻，不得擅自离岗。

🔍【实战工具08】▶▶ -

秩序维护员值班记录表

班次	序号	时间	巡逻路线	巡逻情况记录	日常抽查签字
早班	1				
	2				
	3				
中班	1				
	2				
	3				

班次	序号	时间	巡逻路线	巡逻情况记录	日常抽查签字
晚班	1				
	2				
	3				
值班重要问题记录					
交接班签字	早班	交班人：		中班	交班人：		晚班	交班人：
		接班人：			接班人：			接班人：
主管部门月检查记录				检查人签字：		日期：
备注： 日常抽查签字栏是供各级领导检查工作后签字之用。					

七、执行巡逻记录制度

巡逻记录是指秩序维护员对执勤情况的原始记录，反映秩序维护员对巡逻区域内各种情况的了解，是处置各类治安问题和服务业户的重要依据；同时也是对秩序维护员工作实绩进行评估和考核的重要依据，是秩序维护员加强自我监督的一种有效办法。

巡逻记录内容主要包括：辖区内的治安情况、社会动态、安全防范情况、服务情况以及其他重要信息。秩序维护员在巡逻时，必须携带记事本做记录，记录时，要书写工整，字迹清晰，内容真实。每次巡逻都要坚持记录，不能空着不记或记录"平安无事"等敷衍了事。

🔍【实战工具09】▶▶▶

小区巡逻记录表

单位：　　　　　　　　　　　　　　　　　　　　　　　　年　　月　　日

班次：		当班时间：		值班员：		例巡时间：
检查内容						检查情况
1	是否有可疑情况或可疑人徘徊、窥视					
2	是否有机动车停在绿地、人行道、路口					
3	是否有业户在室外动土施工，搭建和牵拉电线					

	检查内容	检查情况
4	是否有未按规定的时间、要求进行装修的	
5	是否有乱摆卖现象	
6	业户有无意见、建议	
7	是否有收捡破烂、乞讨等"三无"人员在小区徘徊	
8	是否有乱堆放装修垃圾和生活垃圾的现象，是否有高空抛物的现象	
9	是否有人践踏绿地或在绿地踢球，砍伐树木，占用绿地等	
10	是否有在绿地或树木上晾晒衣物的现象	
11	是否有漏水、漏电、漏气等现象	
12	是否有污、雨水井或化粪池堵塞、冒水的现象	
13	房屋本体内楼道灯、电子门、消火栓、公共门窗等设施是否完好	
14	小区内道路、路灯、井盖、游乐设施、消防路桩、路墩等设施有无损坏	
15	其他	

说明：

1. 没有发现问题的在检查情况栏内打"√"，有问题的则记录下来。

2. 发现紧急情况，马上报告，对于大量渗漏、冒水，设施严重损坏和业户违章等一时难以处理的问题，要报告班长，由班长报告上级。

八、执行情况报告制度

物业经理应要求秩序维护员执行情况报告制度，及时把巡逻过程中发现的情况向上级报告，还应按时将一段时间内的综合情况进行汇报。

① 秩序维护员在巡逻中如发现聚众闹事，非法游行、集会、示威活动，交通事故，重大案件等，在进行先期处置的同时，应及时向上级报告，如果情况十分紧急，可以越级上报。

② 在汇报情况时，秩序维护员应首先讲明本人负责的片区、姓名和所处位置等内容，然后再简明扼要地报告事件的进展情况，以及要请示的事项。

③ 报告完后，认真听取上级的指示，并按指示处理事情。

九、严格辖区查岗制度

为了检查秩序维护员在巡逻过程中的工作情况，物业经理要实行辖区查岗制度，以进一步完善和加强巡逻工作。查岗制度的要点如图4-6所示。

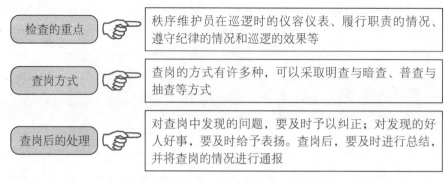

图4-6　查岗制度的要点

十、制订工作规程

执行巡逻工作的秩序维护员必须严格按照工作规程进行巡逻。物业经理应提前为秩序维护员制订好工作规程，方便其按工作规程执行巡逻工作。

第三节　高空坠物、抛物管理

高空落物大致能够分成两大类，一是"无意识"高空坠物，主要是建筑外墙附着物如广告牌等突然掉落，或是住宅楼上的窗户玻璃、盆栽植物等坠落。二是"有意识的"高空抛物，即高层住户向楼下丢弃物品。高空坠物、抛物很容易造成人员伤亡，因此，物业经理必须采取各种措施加强这方面的管理工作，同时做好高空坠物、抛物的应急处理工作。

一、高空坠物管理

对高空坠物的管理可以采取图4-7所示的措施。

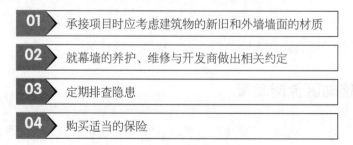

图4-7　建筑物及附着物坠物管理

1.承接项目时应考虑建筑物的新旧和外墙墙面的材质

在与开发商或业主委员会签订物业服务合同时，应考虑建筑物的新旧和外墙墙面的材质。建筑物越旧，其悬挂物或搁置物发生坠落的可能性越大，承接项目时，这一风险不得不考虑。

建筑物的外墙墙面有多种材质，如金属、石材、玻璃等。不同材质的墙面，其养护和维修的要求也存在差异，这些也都应予以考虑。在承接项目时，须详细做好不同材质外墙墙面的养护、维修预算。

2.就幕墙的养护、维修与开发商做出相关约定

承接一个项目时，物业经理还需要了解开发商在外墙的养护和维修方面与施工单位有何约定。

比如，开发商在与施工单位签订施工合同时，未对外墙的养护、维修做出具体约定，这种情况下物业经理可建议物业服务企业与开发商约定相关免责条款，或就外墙的养护、维修进行相关约定，避免不必要的纠纷。

3.定期排查隐患

开展建筑附着物安全隐患排查整治工作，定期组织工程技术人员对公共场地和公共设施设备、窗户及玻璃、小区户外广告牌和空调主机等户外附着物进行逐一排查，发现存在安全隐患的，要立即整改并登记在册。

 小提示

台风期间，告知业户关好门窗，搬掉阳台边的花盆，防止高空坠物。

4.购买适当的保险

为了减少不必要的纠纷，物业经理可以建议企业考虑购买适当的保险。

比如，在停车场靠近幕墙的情况下，企业在购买物业管理责任险时可考虑购买停车场附加险。根据需要，还可以与开发商或业主委员会商量，为管理的物业项目购买公共责任险。

二、高空抛物管理

物业管理处对高空抛物应采取预防为主的措施，与居委会、派出所等部门相互配

合，从宣传入手，发动群众监督。对不听劝阻、屡教不改的人员，与公安机关联合采集证据，对其予以处罚。因此杜绝高空抛物，预防是关键，可以从图4-8所示的几个方面入手。

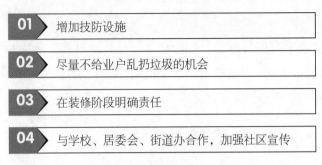

图4-8　预防高空抛物的措施

1.增加技防设施

为了能找出高空抛物的"黑手"，物业服务企业可相应地在高空抛物高发区域增加技防设施，如安装监控探头等进行监测。技防设施既可以辅助抓住"真凶"，同时也能起到监督的作用。

2.尽量不给业户乱扔垃圾的机会

有些老小区的绿化布局不合理，一些不太自觉的业户有乱扔垃圾的行为。因此物业管理处要在情况比较严重的楼房内进行宣传教育，让业户明白这种行为是不对的，如果伤及无辜要负法律责任。

3.在装修阶段明确责任

新建小区有不少业户在装修时图省事，经常从楼上扔装修垃圾。由于新建小区的物业管理还处在初级阶段，物业经理和业主委员会可以在一开始就未雨绸缪，制定相关规范并纳入物业管理规定，明确责任，让业户在一开始就知道一旦做出这种行为，就会受到处罚。

4.与学校、居委会、街道办合作，加强社区宣传

提高业户的道德素质，是预防高空抛物的关键。

① 物业管理处要多向业户宣传、警示高空抛物的危害，提高业户的道德素质。同时，物业管理处在和业主签业主公约时，要对高空抛物的危害进行特别强调，要让业

主意识到问题的严重性，树立"高空抛物可耻"的观念。

②加大监管和处罚力度。高空抛物不仅污染环境，还危及他人的人身安全，若物业管理处发现有高空抛物的业户，应当积极收集证据，联合社区治安部门，对肇事者予以惩罚，并张榜公布，从而警示其他业户。

③培养青少年的公德意识。从心理学角度看，青少年极富冒险精神，从高空丢东西的可能性要比成人大得多。一方面是因为他们还不了解这种行为的后果，另一方面，他们的天性就是喜欢冒险。

三、高空坠物、抛物监测预警

高空坠物、抛物被称作"悬在大城市空中的痛"，在一些情景下，它比乱丢垃圾更严重。高空坠物、抛物现象严重影响居民的生活环境甚至生命安全。

小提示

高空抛物是否涉及违法犯罪，取决于高空抛物者的主观故意水平，及其造成的具体危害。

对于"无意识"高空坠物，多因为设备年久，或因外力作用坠落。传统式防护措施是物业管理人员进到业户家里对窗户逐一检查。可是，窗户归属于业户合法私有财产，物业管理人员无法干预过多，执行难度大，更何况许多住宅小区压根就没有健全的物业管理制度。传统式的安防监控系统也是靠人力资源后台管理鉴别，难以进行风险预测分析，它是传统式安防监控系统中的潜在风险性之一。

伴随着人工智能技术及优化算法的高速发展，高空坠物智能监测系统选用AI视觉神经网络的剖析优化算法，依据"无意识"坠落物会出现的坠落趋势，以坠落物为运动连接点，运用超清智能摄录，根据后台管理数据分析测算、系统软件设置的变量值，鉴别出坠落物的运动轨迹，并发出预警信息，进而达到防护和提早预测的目的。

对于"有意识"的高空抛物，监测预警系统中的所有摄像头可以进行24小时监控，物业的相关工作人员可以和系统设备进行绑定，在摄像头的监测区域内，一旦发生高空抛物，系统设备可对已绑定的工作人员发出通知告警，相关人员就可对该事件进行处理，同时进行取证留存，便于事件处理。同时，可提供接口，供执法部门进行数据调用，如图4-9所示。

图4-9 对小区内高空抛物进行监测

比如，系统可根据AI算法智能且精准地计算出抛物地点，并且能主动抓拍检测，自动现场取证，集中展示和实时预警，并在此基础上形成"公安—社区—物管"三方联动机制。高清的抓拍系统能清楚地记录抛物点和抛物，即使没有人员伤害也能在后台了解到谁有这种不良行为，方便上门规劝教育，减少高空抛物行为的发生。

第四节 消防安全管理

消防安全管理在物业管理中发挥着越来越重要的作用。消防安全不仅关系到物业服务企业所辖业户的生命财产安全，也关系到社会稳定和经济健康发展。因此，物业经理应重视消防安全管理工作。

一、建立消防管理机制

围绕人防、物防、技防、法规、宣传"五位一体"建立物业消防安全机制，做好物业消防安全管理工作是物业管理的重中之重。物业消防安全机制的有效运行，关乎千家万户，是防范和化解火灾风险的关键一环，是提高业户幸福感、安全感的重要手段。

1.建立消防组织

物业服务企业的消防管理部门一般从属于企业的秩序维护部门，即在秩序维护部设有消防班。但是实际上，消防工作并不仅仅是某一个部门的事，而是整个企业的事。按照《中华人民共和国消防法》的规定，物业服务企业应建立自己的消防组织架构，专人做专事。

下面是一份××物业公司消防组织结构图的范本，仅供参考。

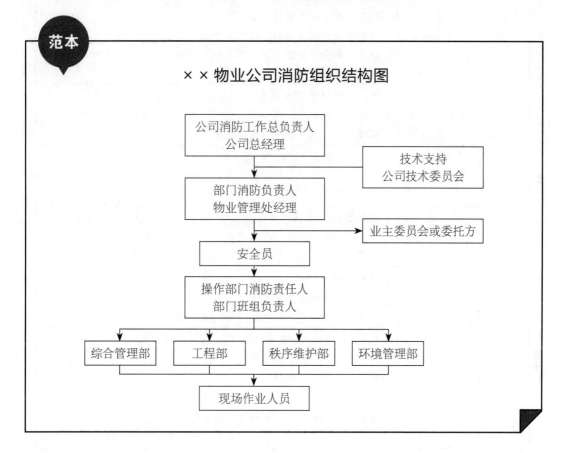

2.明确消防职责

物业服务企业的各级人员，以及消防兼职领导、消防队员、志愿消防员等都要明确其消防职责。消防职责要以文件的形式体现出来。

3.成立灭火组织

物业服务企业灭火组织的结构一般是"一部六组"模式，即：指挥部、灭火行动组、疏散引导组、通信联络组、安全防护组、救护组和后勤保障组。当然，不同类型的物业，各组的组成人员须根据具体情况来定。

下面是一份××物业公司灭火组织结构的范本，仅供参考。

范本

××物业公司灭火组织结构

结构		人员组成及职责
一部	指挥部	总指挥：总经理 副总指挥：副总经理 指挥部办公室负责人：秩序维护部经理 成员：综合办公室主任、机电维修部经理、客服部经理、中控室主管、秩序维护部主管
六组	灭火行动组	由秩序维护部20人组成 负责人：秩序维护部主管、护卫班长（义务消防队队长） 职责：扑灭火灾和防止火势蔓延
	疏散引导组	各客户行政25人，客服部4人 负责人：客服部带班经理、客户行政部负责人 职责：将业户从消防安全通道疏散到安全地方，避免拥挤受伤
	通信联络组	中控室1人，通信联络人2人 负责人：中控室主管、客户行政部负责人、秩序维护部主管 职责：保证各组与指挥部的通信联络及情况的反馈
	安全防护组	秩序维护部5人 负责人：由秩序维护部主管负责 职责：守护物业辖区各个出口，防止坏人进行破坏
	救护组	机电维修部4人、综合办公室2人、财务部2人 负责人：综合办公室主任 职责：救护受伤人员
	后勤保障组	机电维修部10人 负责人：机电维修部带班经理或主管 职责：提供水、灭火器、断电及抢险工具等

二、建立智能消防系统

智能消防系统在火灾探测器探测到火灾信号后，能自动切断报警区域内的空调管道，关闭管道上的防火阀，停止换风机；开启有关管道的排烟阀，自动关闭有关部位的电动防火门、防火卷帘门；按顺序切断非消防用电源，接通事故照明及疏散标志灯，停运除消防电梯外的全部电梯，并通过控制中心的控制器，立即启动灭火系统，进行自动灭火。

　　智慧社区的高速发展，对物业管理区域消防安全的整体性、消防设施设备的配套，以及消防安全管理提出了更高的要求。

　　物业智慧消防系统，以社区为中心建立集日常安全监控、隐患提示报警、快速响应联动、实时远程指挥等功能于一体的全方位、全流程、全要素的消防监督和应急救援体系，旨在系统监督排查各类消防安全隐患苗头，做到专业力量与社会力量的联勤联动，确保遇到突发情况能够灭早、灭小、灭初期。

　　智能消防系统主要由三大部分组成，一部分为感应机构，即火灾探测报警系统；另一部分为执行机构，即灭火控制系统（消防灭火系统）；第三部分为避难诱导系统（后两部分也称为消防联动控制系统）。智能消防系统的构成如图4-10所示。

> 💡 **小提示**
>
> 　　物业服务企业将智慧消防系统应用在日常消防安全管理的同时，应进一步加强对业户的消防宣传教育和培训，普及安全用火、用电、用气知识和逃生自救、报警、疏散技能，增强业户的消防安全意识和自防自救能力。

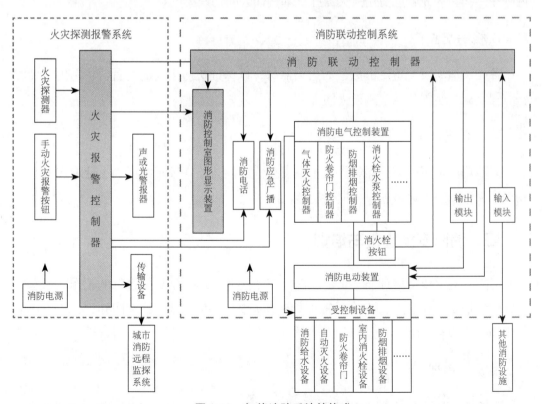

图4-10　智能消防系统的构成

三、配置消防器材设备

1.楼层配置

消防器材应结合物业火灾的危险性，针对易燃易爆物品的特点进行合理的配置。楼层配置的要求如图4-11所示。

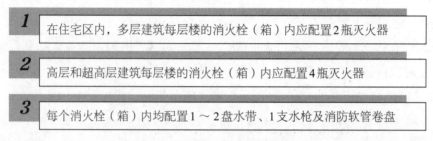

图4-11　楼层配置消防器材的要求

2.岗亭配置

物业管理项目的每个保安岗亭均应配备一定数量的灭火器。在发生火灾时，岗亭内秩序维护员应先就近使用灭火器扑灭本责任区的初期火灾。

3.机房配置

各类机房均应配备足够数量的灭火器材，以保证机房火灾的处置。机房内主要配备有固定灭火装置和推车式灭火器。

4.其他场所配置

其他场所配置的灭火器材应保证在发生火灾后，能在较短时间内迅速取用并扑灭初期火灾，以防止火势进一步扩大蔓延。

四、消防安全宣传与培训

消防安全宣传与培训非常重要，而且应是物业管理处常年要进行的工作。只有做好宣传、培训，让员工、业户充分地了解消防安全，学会基本的消防知识，才有可能做到消防安全有保障。

1.员工培训

为了加强对员工的消防安全教育培训，提高其火灾应急处置能力，物业管理处除应定期组织所有员工进行消防演练外，还应定期组织员工进行防火和灭火知识培训，使全体人员都掌握必要的消防安全知识，做到会报警，会使用灭火器材，会组织群众疏散和扑灭初期火灾。对于新员工，上岗前必须进行消防安全培训，考核合格后方可上岗。

员工消防培训操作程序包括以下几个方面。

① 明确授课人，由人力资源部指派。

② 选择授课地点，确定授课时间。

③ 明确授课内容：防火知识、火场的自救与救人、灭火的常识、基本方法与原则。

④ 组织参加培训人员的考核。

⑤ 考试结果存档备案、总结。

2.业户宣传培训

（1）消防宣传

可通过广播、墙报、警示牌等多种形式，向业户宣传消防知识，营造消防安全人人有责的良好氛围。

（2）定期组织培训

物业经理须定期组织业户进行消防知识培训。可预先发出通知，然后进行跟催确认。培训内容涉及与消防管理有关的法律法规、防火知识、灭火知识、火场的自救和救人、常用灭火器的使用与管理，以及公司所制订的消防管理规定，业户安全责任书，安全用电、用水、用气管理规定，消防电梯使用规定等。

 小提示

在组织业户参加消防培训时，一定要做好相关记录，以显示消防培训的严肃性。培训结束后，应组织参加人员进行考核，并将试卷归档备案。

五、开展消防安全检查

消防安全检查应作为一项长期性、经常性的工作常抓不懈。在消防安全检查组织形式上可采用日常检查和重点检查、全面检查与抽样检查相结合的方法。物业经理应结合不同物业的火灾特点来决定具体采用什么方法。

1.专职部门检查

物业经理应对物业小区的消防安全检查进行分类管理，落实责任人或责任部门，确保对重点单位和重要防火部位的检查能落到实处。一般情况下，每日由小区防火督查巡检员对小区的消防安全进行跟踪检查，每周由消防班长对小区进行消防安全抽检，监督检查巡检员工作情况，并向上级部门报告每月的消防安全检查情况。

2. 检查类型

（1）日常检查

应建立健全岗位防火责任制管理，以消防安全员及班长为主，对所属区域重点防火部位等进行检查。必要时要对一些易发生火灾的部位进行夜间检查。

【实战工具10】▶▶

防火巡查记录表

年　　月

日期	用火用电		安全出口、疏散通道		疏散指示标志、应急照明		消防安全标志、消防设施器材		防火门、防火卷帘		消防安全重点部位的人员在岗		其他消防安全情况	具体问题及处理情况	巡查人签字
	正常	违章	畅通	堵塞	正常	故障	正常	故障	正常	故障	在岗	脱岗			

（2）重大节日检查

对元旦、春节等重大节日应根据节日的特点对重要的消防设备、设施、消防供水和自动灭火系统等重点检查，必要时制订重大节日消防保卫方案，确保节日消防安全。节假日期间大部分业户休假在家，用电、用火增加，消防安全员应注意相应的电气设备及负载检查，采取保卫措施，同时做好居家消防安全宣传工作。

（3）重大活动检查

在举行大型社区活动时，物业经理应制订消防保卫方案，落实各项消防保卫措施。

第五章

停车服务管理

　　如今，各个物业小区的机动车数量日益增多，为做好车辆管理，提供安全有序的车辆停放服务，物业服务企业应根据小区车辆管理实际情况做好人员安排，同时利用云计算、物联网等技术，加强对物业小区的停车管理。

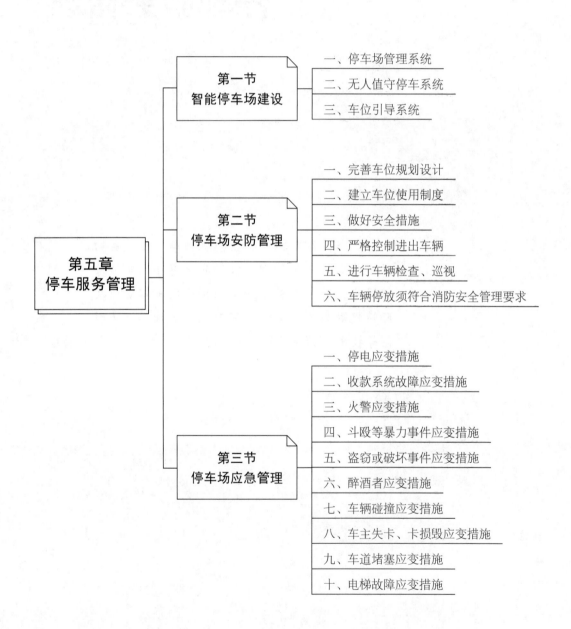

第五章
停车服务管理

第一节
智能停车场建设

一、停车场管理系统

二、无人值守停车系统

三、车位引导系统

第二节
停车场安防管理

一、完善车位规划设计

二、建立车位使用制度

三、做好安全措施

四、严格控制进出车辆

五、进行车辆检查、巡视

六、车辆停放须符合消防安全管理要求

第三节
停车场应急管理

一、停电应变措施

二、收款系统故障应变措施

三、火警应变措施

四、斗殴等暴力事件应变措施

五、盗窃或破坏事件应变措施

六、醉酒者应变措施

七、车辆碰撞应变措施

八、车主失卡、卡损毁应变措施

九、车道堵塞应变措施

十、电梯故障应变措施

第一节　智能停车场建设

当下，小区停车难、管理难的问题日益凸显，传统的基础设施已经很难满足私家车的日常停放需求。于是，智能停车场应运而生，可以满足小区停车管理的各种需求，致力于帮助业户解决停车难问题，让业户生活更安全、更便利。

一、停车场管理系统

停车场管理系统是一个以非接触式智能IC卡（集成电路卡）为车辆出入凭证、以车辆图像对比技术为核心的多媒体综合车辆收费管理系统，用以对停车场车道入口及出口的设备实行自动控制，对在停车场中停车的车辆按照预先设定的收费标准实行自动收费。该系统将先进的IC卡识别技术和高速的视频图像存储比较相结合，通过计算机的图像处理和自动识别功能，对车辆进出停车场的收费、车辆安全等进行全方位管理。停车场管理系统布置如图5-1所示。

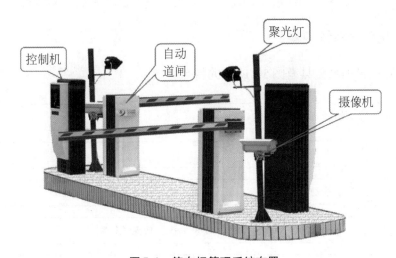

图5-1　停车场管理系统布置

1.停车场管理系统的功能

（1）数据处理功能

停车场管理系统具有功能强大的数据处理功能，可以对停车场管理中的各种控制参数进行设置，可以进行IC卡挂失和恢复、分类查询和打印统计报表，并能够对停车场数据进行管理。

（2）图像对比功能

停车场管理系统具有图像对比功能，通过该功能可以将入场车辆的外形和车牌号摄录下来并保存在服务器数据库中，当车辆出场读卡时，屏幕上自动出现车辆在出口处摄录的图像和在入口处摄录的图像，操作人员可以将出场车辆的IC卡号与服务器中记录的IC卡号，以及出入口摄录的图像进行对比，在确定卡号、车型、车牌号等与记录相符后，启动自动道闸，升起闸杆，放行车辆。

（3）自动出入场功能

车辆入场时，司机将IC卡放在入口控制机的读卡区域读卡，如果读卡有效，自动道闸的闸杆抬起，允许车辆进入，车辆通过入口处的自动道闸后，闸杆自动下落，封闭入口车道。

当车辆出场时，司机在出口控制机的读卡区域读卡，出口控制机在判断读卡有效后，自动道闸的闸杆抬起放行车辆，车辆通过自动道闸后，闸杆自动落下，封闭出口车道。如果停车超期、超时或IC卡无效时，出口自动道闸仍处于禁行状态。

对于临时停车的车主，在车辆检测器检测到车辆后，按入口控制机上的取卡按键取出一张IC卡，并完成读卡、摄像和放行；在出场时，在出口控制机上读卡并交纳停车费用，同时进行车辆的图像对比，无异常情况的话由管理人员开闸放行。

2.停车场管理系统的特点

停车场智能管理系统具有图5-2所示的特点。

特点一	使用方便快捷
特点二	系统灵敏可靠
特点三	设备安全耐用
特点四	能准确地区分自有车辆、外来车辆和特殊车辆
特点五	即时收取停车费及其他相关费用，增加收入
特点六	能提前收取长期客户的停车费
特点七	防止拒缴停车费事件发生
特点八	防止收费人员徇私舞弊，违规收费

| 特点九 | 自动化设计，车辆出入快速，提高效率，还能提供优质、安全、自动的泊车服务 |
| 特点十 | 节约人力成本，提高工作效率和经济效益 |

图5-2　停车场管理系统的特点

3.停车场管理系统的组成

停车场管理系统由出入口自动道闸、地感线圈（车辆检测器）、电子显示屏、入口控制机、出口控制机、图像对比系统、车牌自动识别系统、远距离读卡系统、数据库系统、收费系统、岗亭设备、管理软件等组成。停车场管理系统架构如图5-3所示。

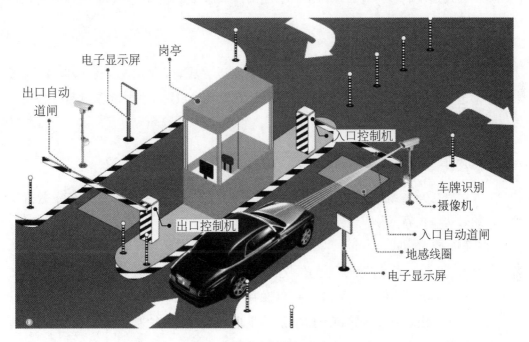

图5-3　停车场管理系统架构

二、无人值守停车系统

无人值守停车系统以车牌识别技术为基础，以移动支付为收费方式，从而实现无卡收费、无人值守的停车场智能化管理系统，其主要作用有以下三点。

① 降低管理方的人员成本。

② 提高车辆进出效率。

③ 提高物业管理水平。

1.无人值守停车系统车辆管控

车辆入场停车后，车辆检测器通过可视化的视频识别技术，将车牌号、停车时间、停车抓拍图等停车信息上传到平台，然后，平台下发指令将车位状态，和引导屏信息进行更新。

（1）固定车辆入场

车牌识别仪自动识别车牌，如果车牌有效，入口处道闸的闸杆自动抬起，允许车辆进入，车辆通过入口处的道闸后，闸杆自动落下，封闭入口车道。

（2）固定车辆出场

车牌识别仪自动识别车牌，如果车牌有效，出口处道闸的闸杆自动抬起放行车辆，车辆通过道闸后，闸杆自动落下，封闭出口车道。如果车牌无效，出口道闸处于禁行状态不开启。

（3）临时停车

入场时，车牌识别仪自动识别车牌，系统自动完成车牌入场登记、摄像和放行；出场时，进行人工缴费或自助缴费后，车牌识别仪自动识别车牌，系统判断缴费正常后，道闸开闸放行。

2.无人值守停车系统的收费模式

无人值守停车系统支持多种停车费支付模式，包括扫码支付模式、在线缴费模式、自助缴费模式等，可实现停车场无现金收费。

（1）扫码支付模式

在停车场出口显眼处粘贴固定的付款二维码，车主在开车出场前使用微信、支付宝等APP的扫码功能扫描付款二维码，在弹出的页面中输入车牌号，查询、交纳停车费。

另外，车辆出场时车场票箱的LCD屏幕上也会生成一个付款二维码，车主通过微信、支付宝等APP扫码，无须输入车牌号就可以查费缴费，缴费成功后道闸自动抬杠放行。

（2）在线缴费模式

车主可下载安装相应的APP，绑定车牌号之后即可查缴停车费，同时还支持月卡续费、访客代缴等功能。

车主也可以关注微信公众号，并在公众号中绑定车牌号码，同样可以查缴停车费。

（3）自助缴费模式

停车场内放置自助缴费机，车主可以通过自助缴费机查缴停车费，并通过微信、支付宝扫描缴费机生成的二维码或刷银行卡完成缴费。

三、车位引导系统

车位引导系统是现代智能停车场的一项重要技术，是通过车位安装的探测器来获得空车位信息，经过云平台的数据处理后传给车主，从而引导车主泊车。

1.车位引导系统的功能

车位引导系统是智能化的停车场管理系统，具有图5-4所示的功能。

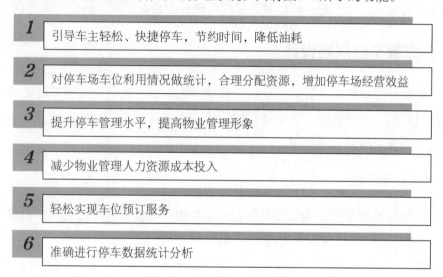

1 引导车主轻松、快捷停车，节约时间，降低油耗

2 对停车场车位利用情况做统计，合理分配资源，增加停车场经营效益

3 提升停车管理水平，提高物业管理形象

4 减少物业管理人力资源成本投入

5 轻松实现车位预订服务

6 准确进行停车数据统计分析

图5-4　车位引导系统的功能

2.车位引导系统的建设目标

车位引导系统是新型的停车场智能化管理系统，建设车位引导系统的目的是引导进场车辆尽快找到空车位，避免通道拥堵，提高停车场运行效率，有效提高物业的美誉度。因此，对于物业服务企业来说，车位引导系统的建设应达到图5-5所示的目标。

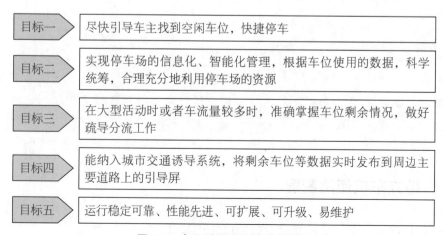

目标一 尽快引导车主找到空闲车位，快捷停车

目标二 实现停车场的信息化、智能化管理，根据车位使用的数据，科学统筹，合理充分地利用停车场的资源

目标三 在大型活动时或者车流量较多时，准确掌握车位剩余情况，做好疏导分流工作

目标四 能纳入城市交通诱导系统，将剩余车位等数据实时发布到周边主要道路上的引导屏

目标五 运行稳定可靠、性能先进、可扩展、可升级、易维护

图5-5　车位引导系统的建设目标

第二节　停车场安防管理

随着城市治安形势的不断变化，停车场安防也越来越受到关注。加强停车场安防管理，可以避免不法分子的入侵，对车主的车辆、生命财产安全进行有效保护。

一、完善车位规划设计

物业管理处应该依据小区的实际情况和业户的需求，进行停车场车位的规划和设计。从数量搭配、布局分配、停车建筑结构等方面进行调整，使停车场符合业户的要求，实现车位资源的最大化利用。

1.合理划分车位

停车位分为固定车位和非固定车位，大车位和小车位。使用固定车位的业户应办理月租卡，临时停放的车辆应使用非固定车位。

固定停车位应标注车号，以便车主方便停放车辆。车场的管理人员应熟记使用固定车位业户的车牌号码，并按规定引导小车至小车位，大车至大车位，避免小车占用大车位。

2.合理划定车位标线

合理规划小区停车场标线，确保车位数量满足小区车辆停放需求，而且标线应该明显，方便车主识别，有效避免车辆乱停乱放现象。

小提示

车辆进入管理区域后，停车场秩序维护员应引导车辆停放。当车主有固定车位而任意停放，或不按规定任意停放，或在消防通道停车等现象出现时，秩序维护员应及时劝阻。

二、建立车位使用制度

小区车位数量有限，必须建立一套车位使用制度。

首先，物业经理应该制订出具体的车位规划，列出车位的数量、位置、大小等信息，准确地标注和划分车位，杜绝车位混乱或者随意停车的现象。

其次，物业经理应该对车位进行分类，以满足不同车主的需求。比如可以将车位分为普通车位、电动车位、残疾人专用车位等。对于固定车位，可以通过抽签等方式进行分配。同时，车位可按月度、季度、年度等时间段进行租赁或者出售。

三、做好安全措施

做好安全措施即保持停车场内光线充足，适合驾驶；各类指示灯、扶栏、标志牌、地上白线箭头指示清晰；在车行道、转弯道等较危险地带设立警示标语；停车场内设立防撞杆、防撞柱。

停车场秩序维护员在日常管理中应注意一旦发现光线不足，就要通知维修人员来处理；发现各类警示标语、标志不清楚，应及时向上级汇报，请求进行维护。

小提示

　　秩序维护员在每天值勤时应对停车场设施进行巡查，发现问题及时解决或报告领导。另外，物业管理处应指定专人负责建立设施台账，定期维修保养，确保设施完好。

四、严格控制进出车辆

在停车场出入口设立专职秩序维护员，对进出车辆进行严格控制，主要负责指挥车辆进出、登记车号、办理停车取车手续等工作。进场车辆应有行驶证、保险单等，禁止携带危险品、漏油、超高等不合规定的车辆进入。

五、进行车辆检查、巡视

停车场秩序维护员应实行24小时值班制，做好车辆检查和定期巡视工作，确保车辆的安全，消除隐患。

在车辆入场时，提醒驾驶人锁好车窗，带走贵重物品，调整防盗系统至警备状态。车辆在停车位停放时，秩序维护员应及时检查车辆，观察车辆是否有损坏，车窗是否已关闭，是否有贵重物品遗留车内等，必要时做好记录并通知车主，避免以后出现法律纠纷。对入场前就有明显划痕、撞伤的车辆要请驾驶人签名确认。

【实战工具11】▶▶ --

停车场车辆状况登记表

日期	车牌	驶入时间	现停车位	车身	车窗	前灯	后灯	车标	轮胎	雨刮器	后视镜	驶出时间	值班人	异常情况

六、车辆停放须符合消防安全管理要求

有部分车主为了自己方便，经常会将车辆停放在消防通道上，或也有物业服务企业为了增加车辆停放收入，擅自将部分消防通道划为停车位，这样往往会导致消防通道的堵塞，严重影响消防疏散及救援。因此，物业经理应特别注意对消防疏散通道的管理，确保车辆的停放符合消防安全管理的要求，绝对不能堵塞消防通道。

第三节　停车场应急管理

为规范加强停车场安全管理，确保业户的财产安全，防止停车场安全事故的发生，减少停车场安全事故发生时的损失，快速、高效、合理、有序地处置事故，物业经理应依据相关法律法规，结合停车场的实际环境，做好应急预案。

一、停电应变措施

停电应变措施如下。

① 当停车场停电时，停车场秩序维护员应立即将停电区域及详细情况报告给班长、部门主管或消防中心当值秩序维护员，同时通知机电维修部来了解停电的原因。

② 收费系统停电，应通知出入口秩序维护员，使用手动计费。

③ 使用紧急照明，保证各通道照明。

小提示

　　停车场内可能会发生各种意外情况，秩序维护员必须熟知处理各种意外的措施，以便在事发时能冷静应对。

二、收款系统故障应变措施

　　收款系统故障应变措施如下。

　　① 当收款系统发生故障时，停车场秩序维护员应立即通知班长或部门主管，并记录故障时间。

　　② 尽快报机电维修部维修，恢复正常使用。

　　③ 未能恢复使用前，通知出入口秩序维护员使用手动计费。

　　④ 按手动计费操作流程收取停车费。

三、火警应变措施

　　火警应变措施如下。

　　① 当停车场发生火灾时，停车场秩序维护员应以最快的方式通知消防中心，说明起火的确切地点和火灾性质。

　　② 疏散起火现场周围的业户。

　　③ 利用最近的消防器材尽快将火焰扑灭或控制火势蔓延，等候消防人员到场。

　　④ 保护起火现场，等候专业人员进行调查。

　　⑤ 由主管以上职级的人员决定是否向公安消防局报警。

　　⑥ 如火势扩大，难以控制，停车场秩序维护员应协助消防人员指挥停车场内业户以最安全、快捷的方式离开停车场到安全地点，并预防其他事故发生。

　　⑦ 如出现人员受伤，应积极抢救。

四、斗殴等暴力事件应变措施

　　斗殴等暴力事件应变措施如下。

　　① 停车场秩序维护员在遇到斗殴等暴力事件时，应保持冷静，以最快的方式报告班长或监控中心，简要说明现场情况，如地点、人数、斗殴程度、有无使用武器等。

　　② 如能控制现场，应及时制止暴力事件；若不能，则应监视现场并与监控中心保

持联络，等待上级的指令和增援人员到达。

③ 处理过程中应保持克制，保持冷静。除正当防卫需要，一般情况下应尽量避免与对方发生争吵或武力冲突。

④ 事件中如有人员受伤，要及时组织抢救。

⑤ 尽可能将争执双方留下或将肇事方控制住，等候上级处理。

五、盗窃或破坏事件应变措施

盗窃或破坏事件应变措施如下。

① 停车场秩序维护员在遇到盗窃或破坏事件时，应以最快的方式报告监控中心或值班主任，简要说明现场情况，如地点、人数、财物损失情况等。

② 保持冷静，如能处理的可将有关人员带往秩序维护部调查处理；如不能处理的则应监视现场，等候支援及上级指令。

③ 保护现场不受破坏，以备有关单位调查取证。

六、醉酒者应变措施

醉酒者应变措施如下。

① 停车场秩序维护员在发现醉酒者时，应在报告监控中心或上级的同时尽力稳定醉酒者的情绪。

② 劝告醉酒者离开停车场范围。如醉酒者无理取闹，可使用强制手段请其离开小区。

③ 在处理醉酒者时一定要保持冷静、克制态度。

七、车辆碰撞应变措施

车辆碰撞应变措施如下。

① 当发生车辆碰撞时，停车场秩序维护员应将肇事驾驶员留在现场。

② 立即通知值班主任、班长到现场处理。

③ 等候交管部门前来处理。

八、车主失卡、卡损毁应变措施

车主失卡、卡损毁应变措施如下。

① 当车主失卡或卡损毁时，停车场秩序维护员应耐心向车主解释物业管理处的

规定。

② 按停车场入口岗登记的时间做挂失处理并收取停车费。

③ 如车主蛮不讲理，可通知值班主任、班长协助处理。

九、车道堵塞应变措施

车道堵塞应变措施如下。

① 出现车道堵塞时，在不违反物业管理处规定的情况下，停车场秩序维护员应以最快的方式疏通出入车道。

② 如遇到"问题车辆"可先将车辆安排到不堵塞车道的地方再行处理。

十、电梯故障应变措施

电梯故障应变措施如下。

① 停车场电梯出现故障时，停车场秩序维护员应立即通知监控中心值班秩序维护员。

② 在电梯口摆放故障通知或指引标志。

③ 通知入口值班秩序维护员。

④ 入口岗接通知后应向入场业户做适当指引。

⑤ 出口岗在收取停车费后应向车主做出适当的解释。

第六章

物业环境管理

　　良好的环境不但可以体现物业区域的整洁，也是物业管理水平的重要标志。物业环境管理是延长设备、建筑物寿命的主要手段，能使物业保值升值。因此，物业经理应做好辖区内的环境管理工作。

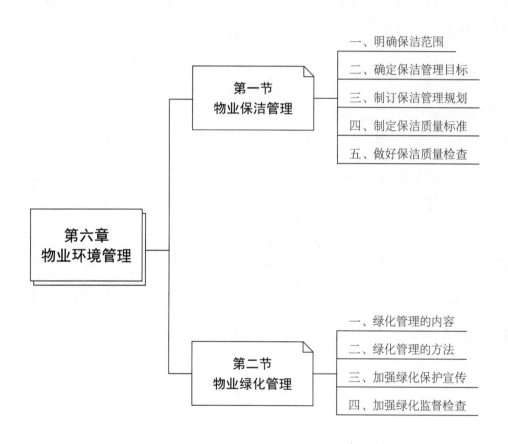

第一节　物业保洁管理

保洁管理，是指物业管理处通过宣传教育、监督治理和日常清洁，保护物业区域环境，防治环境污染，定时、定点、定人进行生活垃圾的分类收集处理和清运，通过保洁员的专业性操作，维护辖区所有公共场所的清洁卫生，从而塑造文明形象，营造洁净的环境。

一、明确保洁范围

物业经理要做好保洁管理工作，必须对物业保洁范围有一个全面的了解，不同的物业，可能保洁的范围不一样，但总体而言，主要包括以下几个方面。

1.公共场所保洁

公共场所的保洁包括以下三个方面，如表6-1所示。

表6-1　公共场所保洁的范围

序号	范围	主要内容
1	室内公共场所的清洁和保养	主要是围绕办公楼、宾馆、商场、居民住宅楼等楼宇内部开展的物业保洁活动，包括楼内大堂、楼道、大厅等地方的清扫，地面清洁，地毯清洗，门、玻璃、墙裙、立柱等部位的擦拭，卫生间清扫与清洁等
2	室外公共场所的清扫和维护	室外公共场所主要有道路、花坛、绿地、停车场、建筑小品、公共健身器材等。重点应做好地面清扫、绿地维护、建筑小品的维护和清洁等
3	楼宇外墙的清洁和保养	主要是指楼宇的外墙清洁和墙面保养，以及雨棚等楼宇附属设施的维护

2.垃圾收集和清运

（1）生活垃圾的收集和清运

物业经理应熟悉管辖区域内居住人员情况和物业的用途，并据此来确定垃圾产生量，从而确定垃圾收集设施的规模；合理布设垃圾收集设施的位置；制订日常的清运计划和时间安排。

（2）建筑垃圾的收集和清运

随着城市居住面积大幅度增加，装修带来的建筑垃圾问题日益凸显。因为建筑垃圾产生量大、品种相对稳定、不易降解，如果建筑垃圾混杂在普通生活垃圾中，会降低生活垃圾的热值，从而使生活垃圾难以采用焚烧的方式处置或占用生活垃圾填埋场地，增加了生活垃圾处理的难度。因此，对于装修产生的建筑垃圾，物业经理应要求单独收集和清运，并采取综合利用的办法进行处置。

（3）垃圾收集设施的维护和保养

近年来，垃圾收集设施的品种和规格不断增加；垃圾场中转设施更加完善；各种形状、规格的垃圾箱、果皮箱、智能垃圾分类柜逐渐取代了传统的大型铁皮垃圾箱。因此物业经理应根据垃圾收集设施的特点，安排人员经常性地对其进行维护和保养。

3.公共场所卫生防疫

（1）公共场所传染病控制

公共场所包括旅店、娱乐场所、公共浴池、图书馆、博物馆、医院候诊室、公交汽车、火车等。就目前物业管理范围而言，公共场所传染病控制工作的重点是宾馆、商场、办公楼等公共场所的消毒。

（2）公共场所杀虫、灭鼠

公共场所有许多病媒昆虫、动物，它们容易在人群聚集地区传播疾病，尤其是苍蝇、老鼠、蚊子、蟑螂等"四害"以及臭虫、蚂蚁等，因此要做好杀虫、灭鼠工作。

二、确定保洁管理目标

物业保洁管理的实质是遵循社会经济发展规律和自然规律，采取有效的手段来影响和限制业户的行为，使其活动与保洁质量达到较佳的平衡，从而创造优美舒适的环境，确保物业经济价值的实现，最终达到经济效益、社会效益和环境效益的统一。按照这个总目标，物业保洁管理的具体目标，主要有图6-1所示的几个方面。

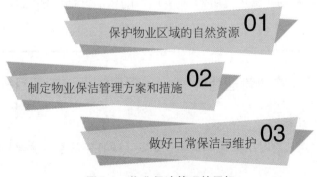

图6-1　物业保洁管理的目标

1.保护物业区域的自然资源

物业服务企业要合理开发和利用物业区域的自然资源，维护物业区域的生态平衡，防止物业区域的自然和社会资源受到破坏和污染，使之更适合于人的生活和自然界生物的生存和发展。

要达到这一目标，就必须把物业保洁的管理与治理有机地结合起来，也就是合理利用资源，防止污染；在产生污染后，做好综合治理等补救性工作。这是防止环境污染和生态破坏的两个重要方面。

在实际工作中，物业管理处更应该注意以防为主，把保洁管理放在首位，通过管理促进治理，为业户提供一个有利于生产和生活的环境，以达到经济效益、社会效益和环境效益的统一。

2.制定物业保洁管理方案和措施

物业经理有效贯彻国家关于物业保洁的政策、法规、条例、规划等，具体制定物业保洁管理的方案和措施，选择切实可行的能够保护和改善物业环境的途径，正确处理好社会和经济可持续发展与环境保护的关系。

由于不同的物业区域，其保洁管理的要求或标准有所不同，有的物业在某些方面要求高一些，有的物业则会低一些，这就需要物业经理根据物业的不同，客观地拟定所管物业的保洁标准与规范。同时，物业经理还应组织有关部门定时进行物业保洁监测，掌握所管物业区域的保洁状况和发展趋势。有条件的还应该会同有关部门开展对所管物业区域的保洁问题的科学研究。

3.做好日常保洁与维护

建立物业保洁的日常管理机构，做好物业保洁的日常管理工作，如物业区域内的卫生保洁、绿化等方面的维护和监督工作，使物业区域内的环境经常得到净化、美化、绿化，保证正常的工作和生活秩序。

下面是一份××物业管理处针对××项目的保洁管理目标范本，仅供参考。

范本

××物业管理处针对××项目的保洁管理目标

1.整体管理目标

××物业管理处针对小区实际情况，制定了项目保洁整体管理目标，具体如下。

（1）管理链条无缝隙覆盖

不断提升服务品质和资源优势，将项目的服务品质控制纳入公司整体监督和运作中，使保洁管理不仅能接受统一的约束和监督，还能够享受到整个公司的优秀管理资源，实现管理链条无缝隙覆盖。

（2）打造一流的"软环境"

"软环境"是指所辖区域的整体精神和风貌。物业管理处在全面接管××项目期间，倡导以人为本的价值观念，并渗透进管理服务人员工作的每一个细节，以"智慧物业打造全新服务"为宗旨，与业户共同创建"最美小区"。

（3）融入后勤服务体系

物业管理处在提供物业服务期间，不仅要高标准、高品质地做好保洁管理和服务工作，而且应尽力配合协助各职能部门做好工作。

（4）科技智能与服务相结合

投入使用智能保洁设备，采用智能清洁与人工清洁相结合服务模式，更好地为业户提供物业服务。购入迷你双刷洗地机等智能科技清洁设备，可根据不同区域投入不同型号，使地面被清洗后立刻达到干爽的效果，彻底解决地面脏、湿、滑的问题。

（5）培育高素质的员工队伍

在员工队伍管理上，除了引进具有较高专业技能、较好综合素质和较强服务意识的员工外，物业管理处每年还要针对不同岗位的员工分别制订出详细的培训计划，要求员工都要做到一专多能，这是搞好保洁服务工作的重要前提。

（6）设立服务中心

物业管理处采用一站式服务的方法，设立服务接待中心，公示24小时服务电话，负责接收投诉、求助以及建议和咨询等，及时处理并做好相关记录。业户只需打一个电话，保洁管理服务中的问题均可在承诺的时间内得到处理。

2.服务目标

（1）智慧物业，灵动科技

通过智能设备与保洁服务人员相结合的方式，对保洁服务队伍进行系统的培训，以此提高服务技能，并运用多年积累的服务经验，以客户至上，服务第一为宗旨。

（2）专业管理，国际认证

根据国家及行业的需求，按照国际质量管理体系标准、职业健康安全管理体系标准、环境管理体系标准，融合专业化的规章制度，全面推行高水平的服务。

3.具体目标

物业管理处根据项目特点及要求将保洁管理分为以下具体目标。

（1）业户管理

项目	管理目标
成本控制	经营指标完成率达98%以上
业户投诉处理	实时处理，书面投诉0.5天内回复，投诉回访率100%
业户意见调查	每年4次，每次满意率达95%以上

（2）质量管理

项目	管理目标
制订详细的清洁检查计划	按计划执行
处理物业投诉	实时处理，事后记录，每周检讨
查考物业服务工作	每月管理部门召开一次例会，达到监察与改善目的

（3）人事管理

项目	管理目标
员工培训	按年度计划进行
稳定员工队伍	争取全体员工流动率每年不超过25%
业户满意度调查	整体满意率达95%以上
合规	管理人员持证上岗率达100%
	技术人员持证上岗率达100%
人员出勤率	平均每月不少于98%

（4）公共清洁保洁率

公司内控标准	＞99%
承诺指标	＞99%
测定方法	（清洁保洁达标面积/清洁保洁总面积×100%）＞99%
保证措施	（1）配备完善的垃圾收集及处理设施，加强宣传教育，提高员工保洁意识，并按要求搞好清洁工作 （2）垃圾日产日清，封闭转运，杜绝二次污染，实施垃圾分类 （3）每日巡视检查清洁保洁情况，发现问题立即处理 （4）提倡"全员保洁，人过地净"

（5）年有效投诉率

公司内控标准	＜5‰
承诺指标	＜2‰
测定方法	（有效投诉次数×100%）＜2‰
保证措施	（1）不断培养和提高员工的服务意识，提供优质的服务使业户百分之百满意 （2）保持业户和公司之间沟通渠道的畅通，设立投诉电话和投诉信箱，不断超越业户的期望，及时改进工作中存在的问题和缺点

（6）投诉处理率

公司内控标准	＞95%
承诺指标	＞98%
测定方法	（处理有效投诉次数/有效投诉总次数×100%）＞98%
保证措施	（1）实行24小时值班制，接受业户的各类投诉。值班员做好投诉记录，并根据投诉内容分类并传递至相关责任部门 （2）各责任部门接到投诉后应立即采取补救措施，并在规定时间内向业主回复。暂时无法解决的问题应制订解决的计划并向业户进行解释 （3）投诉处理率作为部门及员工个人每月工作考核的重要指标，直接与工资挂钩

（7）综合服务满意率

公司内控标准	＞95%
承诺指标	＞95%
测定方法	［满意项/服务项（数量）］×100%＞95%
保证措施	（1）实行开放管理，向业户公开服务内容、服务质量标准，使物业管理工作始终处于业户的监督之中 （2）设立意见箱和投诉受理电话。每半年向业户做一次业户满意度调查，由管理处主任主持对调查结果及业户反馈意见的分析，及时调整和改进管理服务方案。对不合格项提出纠正和预防措施，并将讨论结果直接向业户公布 （3）通过每季度召开一次质量分析会，每半年组织一次内部质量审核，每年开展一次管理评审等，不断改进和完善服务质量，确保业户满意

（8）员工培训合格率

公司内控标准	≥98%
承诺指标	≥98%
测定方法	（培训合格人数/总人数）×100%≥98%

续表

保证措施	（1）建立严格的培训制度并制订详细的培训计划，配备专职培训员及先进的培训设施 （2）入职培训、岗位技能培训、素质提高培训和理论政策培训相结合，采用先进的培训方式确保培训效果 （3）强调理论与实践相结合，培训与考核相结合，采取有针对性的"啄木鸟式"培训方法，不断提高员工的工作能力与工作绩效

（9）档案完好率

公司内控标准	≥98%
承诺指标	≥98%
测定方法	（完好档案数量/应建档案总量×100%）≥98%
保证措施	（1）制定严密的档案管理制度，配备专兼职管理人员，配置完善的档案储存设施及场所，加强档案资料的收集、分类和归档管理 （2）采用原始资料与电脑磁盘"双轨制管理"，确保档案资料的安全可靠，实现档案资料储存方式的多元化

三、制订保洁管理规划

保洁工作是重复性的工作，需按部就班地按要求执行。物业经理应做好保洁管理的规划，让员工有章可循，具体要求如图6-2所示。

人员分工明确

配备必要的硬件设施

做好保洁计划安排

图6-2　制订保洁管理规划的要求

1.人员分工明确

物业保洁管理是一项细致、劳动量大的工作，每天都有垃圾要清运，场地要清扫，工作地点涉及物业管理范围内的每一个地方。因此，必须做到责任分明，物业范围内的任何一个地方均应有专人负责清洁卫生，并明确清扫的具体内容、时间和质量要求。

2.配备必要的硬件设施

为了增强保洁工作的有效性，物业管理处还应配备必要的硬件设施，如配备足够数量的垃圾桶，方便业户能及时倾倒垃圾。

3.做好保洁计划安排

物业经理应制订出保洁工作每日、每周、每月、每季甚至每年的计划安排。

下面是一份××物业管理处年度保洁工作计划的范本，仅供参考。

范本

××物业管理处年度保洁工作计划

项目	月份												标准
	1	2	3	4	5	6	7	8	9	10	11	12	
电梯轿厢、门框及两侧红外幕帘清洁	★	★	★	★	★	★	★	★	★	★	★	★	如遇地板、内壁有污渍，应每出现1次就及时清洁1次
电梯轿厢顶棚清洁	◆	◆	◆	◆	◆	◆	◆	◆	◆	◆	◆	◆	无尘、干净无污秽
草坪灯、健身器材、路灯2米以下部分擦拭	★	★	★	★	★	★	★	★	★	★	★	★	无尘、干净无污秽
路灯2米以上部分擦拭	◆	◆	◆	◆	◆	◆	◆	◆	◆	◆	◆	◆	无尘、干净无污秽
雨水井清掏、鹅卵石清理		◆		◆		◆		◆				◆	雨水井无堵塞，鹅卵石无严重污染或积尘
水幕墙清理	◆	◆		◆	◆	◆		◆		◆		◆	如遇重大节日，应在节前清理完毕
水系、水池清理				◆					◆				根据水面污染情况，适时清理，换水须经公司同意
阳光雨棚、单元楼雨棚、屋面、露台、泄水孔清理	◆		◆		◆		◆		◆		◆		如遇重大节日，应在节前清理完毕

续表

项目	月份												标准
	1	2	3	4	5	6	7	8	9	10	11	12	
楼道、天花板、车库顶、管道、电梯轿厢顶棚板等除尘、清除蛛网		◆			◆			◆			◆		如遇重大节日，应在节前清理完毕
单元门清洁	★	★	★	★	★	★	★	★	★	★	★	★	如遇上料等污染，应每发生1次就及时清洁1次
楼道顶灯擦拭	◆			◆			◆			◆			重大节前，应适当增加1次
楼道公共玻璃、纱窗、窗框清洁			◆			◆			◆			◆	重大节前，应适当增加1次
落叶清理										☆	☆	☆	秋季工作重点
鞭炮残屑清理	☆	☆			☆					☆			节日期间重点
说明	★：每天1次　　◆：当月一次　　☆：重点，根据情况随时保洁												

四、制定保洁质量标准

标准是衡量事物的准则，也是评价保洁工作的尺度。要对保洁工作的质量进行检查，必须有标准可参照。

物业经理在制定保洁质量标准时可参照物业区域环境保洁的通用标准——"五无"标准，如图6-3所示。

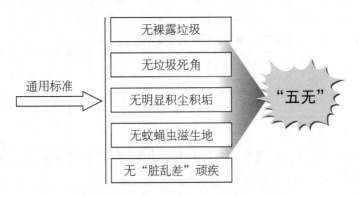

图6-3　保洁通用标准——"五无"标准

质量是保洁工作的生命，达到质量标准是保洁工作的目的。为使保洁质量标准切实可行，标准的制定必须具体、可操作，最好是将检验方法和清洁频率等都确定下来。质量标准应该公布出来，并注明保洁员的姓名，让业户监督，以增强保洁员的责任心。

下面是一份××物业管理处小区保洁质量标准的范本，仅供参考。

范本

××物业管理处小区保洁质量标准

分类	序号	项目	标准	检验方法	清洁频率
室外组	1	路面、绿地、散水坡	无瓜果皮、纸屑等杂物，无积水，无污渍；每10平方米内的烟头及相应大小的杂物不超过一个	沿路线全面检查	每天彻底清扫两次；每月用水冲刷一次
	2	果皮箱	内部垃圾及时清理，外表无污迹、粘附物	全面检查	每天清倒两次；每天冲刷一次；每周用洗洁精刷洗一次
	3	垃圾屋	地面无散落垃圾，无污水，无明显污迹	全面检查	每天清倒、冲刷两次；每周用清洁剂刷洗一次
	4	垃圾中转站	地面无散落垃圾，无污水、污渍，墙面无黏附物，无明显污迹	全面检查	每天清理刷洗两次
	5	标志牌、雕塑	无乱张贴，目视表面无明显灰尘，无污迹	全面检查	每天清理一次
	6	沙井	底部无垃圾、无积水、积沙，盖板无污迹	抽查三个井	每天清理一次
	7	雨、污水井	井内壁无粘附物，井底无沉淀物，水流畅通，井盖上无污迹	抽查五个井	雨、污水井每年清理一次；污水管道每半年疏通一次
	8	化粪池	不外溢污水	全面检查	每半年吸粪一次
地下组	1	地下车库地面	无垃圾、杂物，无积水，无泥沙	抽查五处	每天清扫两次，每月用水冲刷一次
	2	地下车库墙面	目视无污迹，无明显灰尘	抽查五处	每月清扫、冲洗一次

续表

分类	序号	项目	标准	检验方法	清洁频率
地下组	3	地下车库的标志牌、消火栓、公用门等设施	目视无污迹，无明显灰尘	抽查五处	每月用洗洁精清洗一次，灯具每两月擦一次
	4	车库管线	目视无积尘、污迹	抽查五处	每两月用扫把清扫一次
室内组	1	雨篷	目视无垃圾，无青苔，无积水	全面检查	每周清理一次
	2	天台、转换层	目视无垃圾，无积水，无污迹	抽查五处	每天清理一次
	3	水磨石、水泥、大理石地面，地毯的清洁	水磨石、水泥地面无垃圾杂物，无泥沙，无污渍；大理石地面打蜡抛光后有光泽；地毯无明显灰尘，无污渍	抽查五处	地面每天清扫一次，大理石地面打蜡每两月一次，每周抛光一次，地毯吸尘每周一次，地毯清洗每季度一次
	4	大理石、瓷片、乳胶漆、喷涂墙面的清洁	大理石、瓷片、喷涂墙面用纸巾擦拭，距50厘米目视无明显灰尘；乳胶漆墙面无污迹，目视无明显灰尘	抽查七层，每层抽查三处	大理石墙面打蜡每半年一次，抛光每月一次，乳胶漆墙面扫尘、喷涂每月一次，陶瓷墙面擦洗每月一次
	5	天花板、天棚	距1米处目视无蜘蛛网，无明显灰尘	抽查七层，每层抽查三处	每月扫尘一次
	6	灯罩、烟感报警器、吹风口、指示灯	目视无明显灰尘，无污渍	抽查七层，每层抽查三处	每月擦拭一次
	7	玻璃门窗	无污迹，清刮后用纸巾擦拭至无明显灰尘	抽查七层，每层抽查三处	玻璃门每周清刮一次；玻璃窗每月清刮一次
	8	公用卫生间	地面无积水、无污渍，无杂物；墙面瓷砖、门、窗，用纸巾擦拭至无明显灰尘；便器无污渍；天花板、灯具目视无明显灰尘；玻璃、镜面无灰尘，无污迹	全面检查	每天清理两次
	9	公用门窗、消火栓、标志牌、扶手、栏杆	目视无明显污迹，用纸巾擦拭至无明显灰尘	抽查七层，每层抽查三处	每天擦拭一次（住宅区）

五、做好保洁质量检查

检查是控制保洁质量的一种常用方法，也是很有效的方法，为多数物业管理处所采用。

1.质量检查四级制

质量检查四级制如图6-4所示。

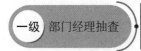

| 一级　部门经理抽查 | 部门经理应对管辖区域内的作业员作业点进行抽查，并及时解决问题 |

| 二级　主管巡查 | 主管对所管辖的区域、岗位进行巡查或抽查，应结合巡查所发现的问题抽查纠正的效果，把检查结果和未能解决的问题上报部门经理，并记录在交接本上 |

| 三级　班长作业检查 | 班长对所管理的岗位和作业点实施全过程的检查，发现问题及时解决 |

| 四级　员工自查 | 员工依据本岗位责任制度、卫生要求、服务规范，对作业的效果进行自查，发现问题及时解决 |

图6-4　质量检查四级制

2.质量检查的要求

质量检查的要求如图6-5所示。

要求一　检查与教育、培训相结合

对检查过程中发现的问题，不仅要及时纠正，还要帮助员工分析原因，对员工进行教育、培训，以防类似问题再次发生

要求二　检查与奖励相结合

在检查过程中，将检查记录作为对员工工作表现等的考核依据，并依据有关奖惩制度和人事政策，对员工进行奖惩，同时做好有关人事问题的处理

图6-5

要求三 ▷ **检查与测定、考核相结合**

> 通过检查，测定不同岗位的工作量、物料损耗情况，考核员工在不同时间的作业情况，更合理地利用人力、物力，从而达到提高效率、控制成本的目的

要求四 ▷ **检查与改进、提高相结合**

> 通过检查，对所发现的问题进行分析，找出原因，提出解决措施，从而提高服务素质和工作质量

图6-5　质量检查的要求

第二节　物业绿化管理

物业绿化管理主要是指在物业管理区域内进行的各种环境绿化活动，是物业经理日常管理工作的重要内容。

一、绿化管理的内容

物业绿化管理的主要内容如下。

1.一般住宅小区绿化管理重点

一般住宅小区绿化管理重点如图6-6所示。

1 加强对植物病虫害、水肥的管理，保证病虫害不泛滥成灾，植物能正常生长

2 及时清除植物的枯枝败叶，并每年对大乔木进行清理修剪。在大风来临前还应派人巡视辖区内的树木，检查是否具有潜在危害的枯枝

3 及时对阻碍业户生活活动的绿化景点进行改造，减少人为践踏对绿化造成的危害

4 创建小区环境文化，加强绿化保护宣传，使业户养成爱护绿化的良好习惯

图6-6　一般住宅小区绿化管理重点

2.高端住宅小区绿化管理重点

高端住宅小区绿化管理的重点如图6-7所示。

重点一	加强园林植物日常浇水、施肥与修剪等工作，保持植物生长健壮良好
重点二	每天及时清除小区内植物的枯枝败叶
重点三	对生长不良的绿化景点或被损坏的园林景观应及时进行更换或改造，始终保持小区绿化的完美
重点四	经常举办一些插花艺术、盆景养护、花卉栽培等方面的绿化知识讲座、技术咨询，插花比赛等活动
重点五	可通过开设花店等为业户提供鲜花、观赏植物、观赏鱼，以及插花服务、花木代管、私家园林代管等有偿服务

图6-7　高端住宅小区绿化管理重点

二、绿化管理的方法

物业经理要做好绿化管理工作，可以从以下几个方面入手。

1.建立完善的管理机制

为了将物业绿化管理做好，必须有一个完善的管理机制，包括完善的员工培训机制，如员工入职培训、技能培训、管理意识培训，完善的工作制度、奖惩制度及标准等。

另外，物业绿化管理并非只是物业管理处的工作，业户的维护与保养也是很重要的。所以，物业管理处宜在业户入住之初，与之签订小区环保公约，以此作为约束。

2.建立完善的质量管理系统

为了保证绿化管理质量，应建立完善科学的质量管理系统，包括操作过程的质量控制方法、检查及监督机制。

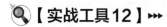 【实战工具12】▶▶

绿化养护作业记录

时间				地点	作业项目（工作内容）	签字	备注
月	日至	月	日				
月	日至	月	日				
月	日至	月	日				
月	日至	月	日				
月	日至	月	日				
月	日至	月	日				
月	日至	月	日				
月	日至	月	日				

3.制订科学合理的操作规程

操作规程是操作者在做某一件事时必须遵循的操作方法与步骤。由于绿化管理受环境及天气影响较大，在不同的天气条件下做同一件事的方法步骤会有所不同。所以，物业经理在组织人员制订操作规程时必须充分考虑各种因素，把各项操作步骤充分量化、标准化，让员工易于明白及接受。

三、加强绿化保护宣传

保护物业小区绿化，不仅仅是绿化部门的职责，同时也是每一位业户的职责。物业经理应致力于使业户树立起环保的意识、绿化的意识，具体措施有以下几点。

① 制定规章并做好宣传。

② 完善绿化保护系统，在人为破坏较多的地方增加绿化保护宣传牌。

③ 加强绿化知识宣传，可在报刊栏内开辟出一部分以进行绿化知识的宣传，也可在主要树木挂上讲解牌，注明树名、科属、习性等。

④ 在绿化专业人员的帮助下，为业户举行插花艺术、盆景养护、花卉栽培等绿化知识的培训活动。

⑤ 举行小区内植物认养活动，由业户认养小区内的主要植物，加强业户对植物的认同感。

⑥ 由物业管理处出面，在小区内举办绿化知识竞赛或举办诸如美化阳台等比赛

活动。

⑦ 在植树节或世界环境日举办植树活动或绿化知识咨询活动等。

 小提示

物业管理处应当主动向业户宣传绿化保护方面的要点，强化其绿化意识，双方共同维护小区的绿化成果。

四、加强绿化监督检查

为了使小区的绿化能得到更好的管理及保护，让小区的园林绿化更加优美，给业户营造一个园林式、花园式的生活环境，让业户生活更加舒适、自然，物业经理必须加强绿化监督检查。

1.做好现场工作记录

监督检查的重要手段是员工自查及主管巡查。为使监督检查工作有记录可循，物业经理可预先设计标准的记录表格，供员工进行记录，同时，主管在巡查结束后也需将评价记录于表中。

【实战工具13】▶▶ -

绿化现场工作周记录表

管理处： 岗位责任人： 岗位范围：

检查项目		日期	__月__日	__月__日	__月__日	__月__日	__月__日	__月__日	__月__日
绿化员工作（此格由绿化班长填写每天工作，无绿化班长的由绿化员填写）									
绿化员着装整洁，符合要求									
草坪	修剪平整，高度在2～8厘米								
	无黄土裸露								
	无杂草、病虫害和枯黄								
乔灌木	无枯枝残叶和死株								
	修剪整齐，有造型								
	无明显病虫害和粉尘								

续表

检查项目		日期 __月__日	__月__日	__月__日	__月__日	__月__日	__月__日	__月__日
绿篱	无断层缺株现象							
	修剪整齐，有造型							
	无明显病虫害和粉尘							
花卉	无病虫害							
	无杂草，花期开花正常							
	修剪整齐							
藤本植物	枝蔓无黄叶，长势良好							
	蔓叶分布均匀							
	无明显病虫害和粉尘							
浇水施肥	是否及时							
	方法是否正确							
	有无浪费现象							
	是否按时查病虫害							
园艺设施	护栏、护树架、水管、水龙头是否完好							
	供水设施、喷灌设施等是否完好							
	园艺设施维修是否及时							
绿化药剂是否符合标准								
作业过程是否佩戴安全防护用具								
作业时是否通知业户并作相应标识								
物业管理处环境组								
物业管理处经理								
其他各级督导								

备注：1.此表使用完后由物业管理处环境组负责更换保存，填写管理处名称、岗位责任人、岗位范围及日期。

2.各级督导若未发现不合格在格内打"√"，发现不合格在格内打"×"，并在相应位置签名。

2.将监督制度化

绿化监督的工作要有效实行，应将涉及的人员及工作程序、处理方式以制度的形式确定下来。

下面是××物业管理处制定的绿化监督措施。

① 由管理处保安队长、绿化班长经常对小区的各区域进行巡查，发现有植物死亡或被破坏一定要及时通知环境主管，保证小区的绿化完好率达99%。

② 监督绿化员是否按规定对小区的绿化进行施肥、浇灌、杀虫、修剪等，保证小区的绿化不生虫、不缺肥、不缺水、不乱长等。

③ 如发现小区绿化出现以上不良现象，要立即通知环境主管进行养护、培植等工作。

④ 每月由绿化班长定期对小区各区域的绿化进行巡查。

⑤ 如发现有人乱踏花草或破坏植物，一定要及时制止。从而保证小区的绿化能得到有效的保护，给花草一个良好的生长环境，也给业户一个自然的居住环境。

⑥ 每月由管理处主任助理进行检查，保证各项工作能更好进行。

第七章

设施设备管理

物业设施设备管理是物业功能正常发挥的有力保证，也是物业管理工作的重要内容。物业经理应运用先进的技术手段和科学的管理方法对共用设施设备的使用、维护、保养、维修实施管理，提高它们的使用率和完好率。

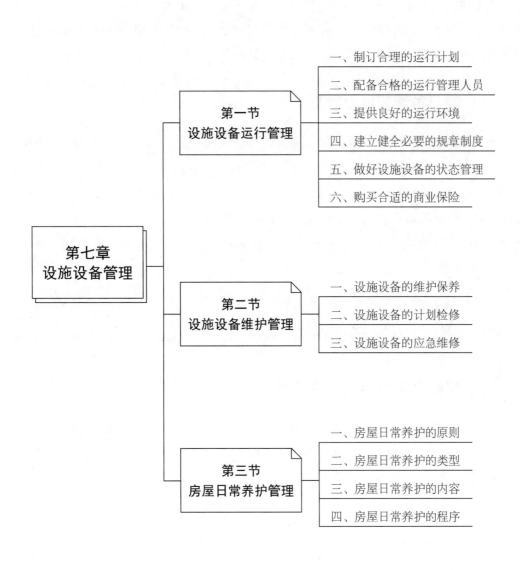

第七章
设施设备管理

第一节
设施设备运行管理

一、制订合理的运行计划

二、配备合格的运行管理人员

三、提供良好的运行环境

四、建立健全必要的规章制度

五、做好设施设备的状态管理

六、购买合适的商业保险

第二节
设施设备维护管理

一、设施设备的维护保养

二、设施设备的计划检修

三、设施设备的应急维修

第三节
房屋日常养护管理

一、房屋日常养护的原则

二、房屋日常养护的类型

三、房屋日常养护的内容

四、房屋日常养护的程序

第一节　设施设备运行管理

在物业管理中，设施设备运行管理是管理过程中的重要一环，它是物业使用价值的体现，是支撑物业管理活动的基础。设备设施运行不好，不但会直接影响业户的生活质量和生活秩序，而且会严重影响物业服务企业的社会声誉。

一、制订合理的运行计划

根据设施设备和物业的实际情况制订合理的使用计划，计划应包括设施设备开关机时间、维护保养时间、使用的条件和要求等方面的内容。

比如，电梯的运行时间、台数和停靠楼层，中央空调机组的开关机时间和制冷（热）量、供应范围和温度，路灯或喷泉的开关时间等。

 小提示

这些内容应根据具体物业的实际情况和季节、环境等因素的变化而有所区别，以满足设施设备安全、维护和经济运行方面的需要。

二、配备合格的运行管理人员

物业经理应根据设施设备的技术要求和复杂程度，配备相应的运行管理人员，并根据设施设备性能、使用范围和工作条件安排相应的工作量，确保设施设备的正常运行和运行管理人员的安全，具体要求如图7-1所示。

采取多种形式，对员工进行多层次的培训，培训内容包括技术教育、安全教育和管理业务教育等，目的是帮助员工熟悉设施设备的构造和性能

要求一

要求二

运行管理人员经培训考核合格后，才能独立上岗操作相关专业的设备。供配电系统、电梯、锅炉运行等特殊设施设备的运行管理人员还须经政府主管部门考核发证后凭证上岗

图7-1　配备合格运行管理人员的要求

【实战工具14】▶▶ --

运行管理人员责任分工表

序号	岗位/职务/姓名	责任区	工作责任划分	备注

审批：　　　　　　　　拟制：　　　　　　　　归档：

日期：　　　　　　　　日期：　　　　　　　　日期：

三、提供良好的运行环境

良好的运行环境不但有利于设施设备的正常运转、减少设施设备故障、延长设施设备使用寿命，而且对操作者的情绪也有很大影响。为此，应安装必要的防腐蚀、防潮、防尘、防震装置，配备必要的测量、保险、安全仪器装置，还应有良好的照明和通风装置等。

四、建立健全必要的规章制度

① 实行定人、定机和凭证操作制度，不允许无证人员单独操作设施设备，对多人操作的设施设备，应指定专人负责。

② 对于连续运行的设施设备，可在其运行过程中实行交接班制度和值班巡视记录制度。

③ 操作人员必须遵守设施设备的操作和运行规程。

五、做好设施设备的状态管理

物业经理可从以下几个方面着手来做好设施设备的状态管理。

1.设施设备的检查

设施设备的检查就是对其运行情况、工作性能、磨损程度进行检查，通过检查可以全面掌握设施设备状态的变化程度，根据检查发现的问题，改进设备维修工作，提高维修质量和缩短维修时间。

按检查时间的间隔，设施设备的检查通常分为图7-2所示的两种形式。

图7-2　设施设备的检查形式

2.设施设备的状态监测

设施设备的状态监测分为停机监测和不停机监测（又称在线监测），是在设施设备停机或运行使用过程中通过相关的仪器仪表所指示的参数，直接或间接地了解掌握设施设备的运行情况和状态。

设施设备的状态监测应根据不同的检测项目采用不同的方法和仪器，通常采用的方法有图7-3所示的几种。

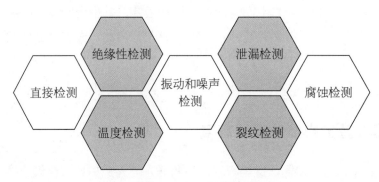

图7-3　设施设备状态监测的方法

3.定期进行预防性试验

动力设施设备、压力容器、电气设施设备、消防设施设备等安全性要求较高的设施设备，应由专业人员按规定期限和规定要求进行试验，如耐压、绝缘、电阻等性能试验，接地、安全装置、负荷限制器、制动器等部件试验，发电机启动、消防报警、水泵启动、管道试水等系统试验。通过试验可以及时发现问题，消除隐患，安排修理。

4.利用好设施设备故障诊断技术

在设施设备运行中或基本不拆卸的情况下，采用先进的信息采集、分析技术检查设施设备运行状况，判定产生故障的原因、部位，预测、预报设施设备未来状态的技术，称为故障诊断技术。

设施设备诊断技术是故障预防、维修的基础，目前在应用中的技术手段主要是红外线温度检测、润滑油油品化学分析、噪声与振动频谱分析、超声波与次声波检测，以及计算机分析与故障诊断专家系统等。

设施设备故障诊断技术在设施设备综合管理中具有重要的作用，主要表现在图7-4所示的几个方面。

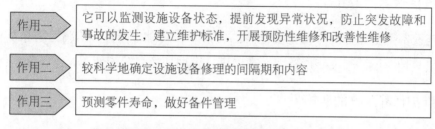

作用一	它可以监测设施设备状态，提前发现异常状况，防止突发故障和事故的发生，建立维护标准，开展预防性维修和改善性维修
作用二	较科学地确定设施设备修理的间隔期和内容
作用三	预测零件寿命，做好备件管理

图7-4 设施设备故障诊断技术的作用

六、购买合适的商业保险

物业设施设备的损坏概率会随着物业使用年限的增长而增加，而正常安全使用概率会随之降低，无形之中增加了管理的难度，加大了管理风险，影响物业服务企业的效率和广大业户的利益，出现这种情况是自然规律使然，是任何企业不可回避的问题。

解决这一难题的最好办法是树立风险意识，购买财产险、机损险。一旦发生物业设施设备损坏，可立即向保险公司索赔，以减轻物业服务企业的经济压力，切实保障设施设备正常运行。

第二节 设施设备维护管理

定期的维护和保养可以及时发现和解决设施设备存在的问题，保证设施设备的功能和效能，提高业户的居住体验和满意度。

一、设施设备的维护保养

设施设备在长期的、不同环境的使用过程中，会出现机械的部件磨损，部件的间隙增大、配合改变，直接影响到设施设备原有的平衡性、稳定性、可靠性，使用效益也会有相当程度的降低，甚至会导致设施设备丧失其固有的性能，无法正常运行。这样的话，设施设备就要进行大修或更换新设备，无疑增加了企业成本，影响了企业资源的合理配置。为此，物业经理必须建立科学的、有效的设施设备管理机制，加大设施设备日常管理力度，理论与实际相结合，科学合理地制订设施设备的维护、保养计划。

1.维护保养的方式

设施设备维护保养的方式主要是清洁、紧固、润滑、调整、防腐、防冻及外观表面检查。对长期运行的设施设备要巡视检查、定期切换、轮流使用，进行强制保养。

2.维护保养工作的实施

设施设备的维护保养主要是做好日常维护保养和定期维护保养工作。其实施内容如表7-1所示。

表7-1　维护保养工作的实施要领

序号	类别	管理要求	保养实施要求
1	日常维护保养工作	应该长期坚持，并且要做到制度化	设备操作人员在班前对设施设备进行外观检查；在班中按操作规程操作设施设备，定时巡视和记录各设施设备的运行参数，随时注意设施设备在运行中有无振动、异声、异味、超载等现象；在班后做好设施设备清洁工作
2	定期维护保养工作	根据设施设备的用途、结构复杂程度、维护工作量及维护人员的技术水平等，决定维护的间隔周期和维护停机的时间	此项工作需要对设施设备进行部分解体，为此，应做好以下工作： （1）对设施设备进行内外清扫和擦洗 （2）检查运动部件转动是否灵活，磨损情况是否严重，并调整其配合间隙 （3）检查安全装置 （4）检查润滑系统油路和过滤器有无堵塞 （5）检查油位指示器，并清洗油箱、换油 （6）检查电气线路和自动控制元器件的动作是否正常等

【**实战工具15**】▶▶ -

设施设备巡视签到表

日期	早班			中班			夜班				系统工程师	
	签名	时间	设备情况	签名	时间	设备情况	签名	时间	设备情况	卫生情况	签名	时间

- -

3.设施设备点检

设施设备点检时可按生产厂商指定的点检内容和点检方式进行，也可以根据经验补充一些点检点，可以停机检查，也可以随机检查。检查时可以通过摸、听、看、嗅等方式，也可利用仪器仪表进行精确诊断。

设施设备点检的方法有日常点检和计划点检两种，如表7-2所示。

表7-2　设施设备点检的方法

序号	方法	执行人员	点检内容
1	日常点检	操作人员	（1）设施设备运行状况及参数 （2）安全保护装置 （3）易磨损的零部件，易污染、堵塞和需经常清洗更换的部件 （4）运行中经常要调整的部位 （5）运行中经常出现不正常现象的部位等
2	计划点检	以专业维修人员为主，操作人员协助	（1）确定设施设备的磨损情况及其他异常情况 （2）确定需修理的部位、部件及修理时间 （3）更换零部件 （4）安排检修计划等

二、设施设备的计划检修

计划检修是对正在使用的设施设备，根据其运行规律及点检的结果确定检修周期，以检修周期为基础编制检修计划，对设施设备进行积极的、预防性的修理。

计划检修工作一般分为小修、中修、大修和系统大修四种，如表7-3所示。

表7-3　计划检修工作种类

序号	计划检修种类	主要内容	备注
1	小修	清洗、更换和修复少量易损部件，并做适当的调整、紧固和润滑工作	一般由专业维修人员负责，操作人员协助
2	中修	在小修的基础上，对设施设备的主要零部件进行局部修复和更换	中修、大修主要由专业维修人员负责，操作人员协助工作
3	大修	对设施设备进行局部或全部解体，修复或更换被磨损或腐蚀的零部件，尽量使设施设备恢复到原来的技术标准；同时也可对设施设备进行技术改造	
4	系统大修	对一个系统或几个系统甚至整个物业设施设备系统进行停机大检修，通常将所有设施设备和相应的管道、阀门、电气系统及控制系统都安排在系统大修中进行检修	系统大修时，所有相关专业的技术管理人员、维修人员和操作人员都要按时参加，积极配合

三、设施设备的应急维修

尽管前面强调了通过加强设施设备的计划维修工作可以确保设施设备的正常运行，减少设施设备应急维修的工作量，但是，工程部仍面临着设施设备需要应急维修的问题。从某种角度来看，对设施设备的应急维修也是工程部工作效率的一种体现。设施设备应急维修的工作由两部分构成：一是及时获得需要维修的设施设备信息，二是对需要维修的设施设备尽快实施维修工作。

1.设施设备维修信息的获得

设施设备维修信息的获得是设施设备维修管理的重要环节。由于物业设施设备种类繁多、功能不一、利用情况不同，而且分布在物业区域的各个角落，设施设备维修信息的获得并不是很容易，所以，需要建立设施设备维修信息获取的有效途径。一般来说，根据发现故障的不同途径，设施设备维修信息的获得主要有表7-4所示的两种方式。

表7-4 设施设备维修信息的获得方式

序号	获得方式	具体说明
1	报修	报修是指设施设备的操作人员或者业户在发现设备故障后，通过填写设施设备报修单或以电话、电子邮件等传递方式将设施设备的故障情况通知工程部，由工程部安排人员进行维修。 报修是设施设备维修管理中的重要环节，通过报修可以及时获得设施设备状态信息，使设施设备及时得到维修，并恢复原有的功能；同时，报修记录是设施设备定期保养计划制订的基础，也是设施设备管理成本控制的基础
2	巡检	有许多设施设备在发生故障时，不能及时被发现，需要通过巡检来发现。巡检是指对设施设备进行巡视检查，工程部人员根据既定的路线和检查内容对设施设备逐一进行检查，发现故障及时处理。 巡检也是物业设施设备维修管理中必不可少的环节，它能够发现设备运行中存在的潜在故障，以消除设施设备安全隐患

2.设施设备维修的实施

设施设备维修的实施有两种情况：一种是当设施设备存在故障时，由物业管理处的内部维修人员自行修理；另一种是委托维修，由专业公司的维修人员来维修。

3.设施设备报修单的设计

设施设备报修单的设计对设施设备维修管理有着重要的意义，直接影响维修管理的效率。有的物业管理处的报修单非常简单，由报修部门或人员填写报修内容、报修时间后交到工程部，工程部派遣维修工前往修理，最后由报修部门签字确认。从表面上看，维修工作是完成了，但就管理而言，整个过程对维修工的管理是失控的。维修工领用了多少材料用于维修？维修工在维修现场花费了多少工时？设施设备故障为什么会产生？设施设备维修的质量怎样？……这些管理问题基本上都不能解决。

鉴于上述问题，设施设备报修单至少应包含以下三个方面的内容。

（1）设施设备故障的基础信息

设施设备故障的基础信息要反映故障设施设备所在的位置或部门、故障情况，以及发生故障的时间，这三项内容是故障设施设备所在部门必须填写的。在此基础上，报修单可以增加一个栏目，即设施设备故障的原因分析，这一栏由工程部的维修工填写。对设施设备故障原因的分析是非常重要的，它能直接反映设施设备的故障情况，也是设施设备维护保养的基础资料和信息，因此工程部应重视这一项目的分析。为了提高故障原因分析的准确性和速度，可以事先确定一个故障原因分类标准，即把经常导致设施设备故障的原因进行分类，维修人员只要进行选择就可以了。

（2）材料信息

维修使用的材料应有相关的记录。虽然工程部的二级仓库会有材料进出记录，但材料究竟用在哪里不一定清楚，因为材料的进出和使用是分离的，通过报修单将材料的使用和维修工作联系起来，可以有效控制材料的使用。

（3）维修工作信息

维修工作信息主要记录维修人、维修时间以及维修质量。可以预先计划好维修时间，这样有助于控制维修工作的进程。报修单应该包括三联：一联在仓库，一联在工程部，一联在报修部门。三联单应分别进行整理、统计和归档。

【实战工具16】▶▶ -

报修单

业户		房号			
报修时间		预约时间		联系电话	
报修内容				维修类别	
				□质保返修　□有偿维修 □其他＿＿＿＿＿＿＿	
维修员		维修时间		完成时间	
修缮完成情况					
材料耗用明细				合计金额 ＿＿＿＿＿	
业户意见				业户签名	＿＿年＿＿月 ＿＿日
派单人签字	＿＿年＿＿月 ＿＿日	维修人签名	＿＿年＿＿月 ＿＿日	审核人签名	＿＿年＿＿月 ＿＿日
备注					

- -

第三节 房屋日常养护管理

房屋日常养护管理是物业服务企业实施管理的重要环节，通过对房屋的日常养护，可以维护房屋的功能，使房屋损坏及时得到修复，同时还能不断改善房屋的使用条件，对外部环境进行综合治理。

一、房屋日常养护的原则

一般来说，房屋日常养护的原则如图7-5所示。

因地制宜，合理修缮

对不同类型的房屋要制定不同的维修养护标准

定期检查，及时维护

加强对二次装修的管理，确保安全，保证房屋正常使用

有效合理地使用维修基金

最大限度地发挥房屋的有效使用功能

图7-5 房屋日常养护的原则

二、房屋日常养护的类型

房屋日常养护可分为以下两种类型。

1.零星养护

房屋的零星养护，指结合房屋实际情况确定的或因房屋突然损坏而进行的小修。

（1）零星养护的内容

零星养护包括图7-6所示的内容。

内容一	屋面筑漏（补漏），修补屋面、泛水和屋脊等
内容二	钢、木门窗整修，拆换五金件、玻璃，换窗纱，重刷油漆等
内容三	修补楼面面层，抽换个别楞木等
内容四	内外墙修补、抹灰，修补窗台、腰线等
内容五	拆砌挖补局部墙体、个别拱圈，拆换个别过梁等
内容六	抽换个别檩条，接换个别木梁、屋架、木柱等
内容七	供水、电气、暖气等设施设备的故障排除及零部件的修换等
内容八	下水管道的疏通，修补明沟、散水、落水管等
内容九	危险构件的临时加固、维修等

图7-6　零星养护的内容

（2）零星养护的要求

零星养护项目，主要通过维修管理人员的走访、住户和业户的报修两个渠道来进行。零星养护的特点是修理范围广，项目零星分散，时间紧，任务急和经常性。

零星养护应力争"水电急修不过夜，小修项目不过三，一般项目不过五"。

2.计划养护

房屋的各种结构、部件均有其合理的使用年限，超过这一年限就开始不断出现问题。因此要管理好房屋，就应该制定科学的大、中、小修三级修缮制度，即房屋的计划养护，以保证房屋的正常使用，延长其整体的使用寿命。

例如：房屋的纱窗每3年左右就应该刷一遍铅油保养；门窗、壁橱、墙壁上的油漆、油饰层一般5年左右就应重新刷一遍油漆；外墙每10年应彻底进行1次检修加固；照明电路明线、暗线应每年检查其老化和负荷的情况，必要时可局部或全部更换等。

这种定期保养、修缮制度是保证房屋使用安全非常重要的制度。表7-5为房屋设施的保养周期。

表7-5　房屋设施保养周期

序号	房屋设施名称	保养周期	备注
1	屋顶	2年	及时更换破碎的隔热层面砖
2	外墙面	3年	每年对重点部位进行清洗

序号	房屋设施名称	保养周期	备注
3	内墙面	3年	对于裂缝较大的部位及时予以更换，脱落的部位及时修补
4	楼梯间	3年	墙面损坏的应及时修补
5	门	1年	对生锈或掉漆的门应及时修理
6	防盗网、花园围栏	2～4年	根据损坏情况确定刷油漆时间
7	窗	1年	发现问题按原样及时修复
8	地砖	3年	损坏或裂缝严重的地砖应更换
9	吊顶	3年	发现有破损应及时更换
10	人行道、车行道	1年	发现有损坏应及时修补
11	管道	3年	必要时可以增加刷油漆次数
12	污水井	1年	每半年全面检查一次，每年清理一次，同时更换井盖
13	遮雨棚	1年	在大雨或台风来临前应增加保养次数
14	玻璃幕墙（玻璃门）	1年	在大雨或台风来临前应增加保养次数

三、房屋日常养护的内容

房屋日常养护的具体内容包括。

1.地基基础的养护

地基属于隐蔽工程，若出现问题很难采取补救措施，应给予足够的重视。可从表7-6所示的几点做好养护工作。

表7-6　地基基础的养护要点

序号	养护要点	具体说明
1	坚决杜绝不合理荷载的产生	地基基础上部结构荷载分布不合理或超过设计荷载，会危及整个房屋的安全，而在地基基础附近的地面堆放大量材料或设备，也会形成较大的堆积荷载，使地基由于附加压力增加而产生附加沉降。所以，应从内外两方面加强对地基基础日常使用情况的技术监督，防止出现不合理荷载的情况
2	防止地基浸水	地基浸水会对地基基础不利。因此，对于地基基础附近的用水设施，如上下水管、暖气管道等，要注意检查其工作情况，防止漏水；同时，要加强对房屋内部及四周排水设施如排水沟、散水等的管理与维修

序号	养护要点	具体说明
3	保证勒脚完好无损	勒脚位于地基基础顶面，将上部荷载进一步扩散并均匀传递给地基基础，同时起到防水的作用。勒脚破损或被严重腐蚀剥落，会使地基基础受到的传力不合理而处于异常的受力状态，也会因防水失效而造成地基基础浸水的后果
4	防止地基冻害	在季节性冻土地区，要注意地基基础的保温工作。对按持续供热条件设计的房屋，不宜采用间歇供热，并应保证各房间采暖设施齐备有效。如有闲置不采暖房间，尤其是与地基基础较近的地下室，应在寒冷季节将其门窗封闭严密，防止冷空气大量进入，如还不能满足要求，则应增加其他的保温措施

2. 楼、地面工程的养护

应根据楼、地面材料的特性，做好相应的养护工作。通常需要注意表7-7所示的几个方面。

表7-7　楼、地面工程养护注意事项

序号	养护注意事项	具体说明
1	保证经常用水的房间的有效防水	对厨房、卫生间等经常用水的房间，一方面要注意提高楼、地面的防水性能；另一方面须加强对上下水设施的检查与保养，防止管道漏水、堵塞，造成室内长时间积水，最终渗入楼板，导致侵蚀损害。一旦发现问题应及时处理或暂停使用，切不可将就使用，以免形成隐患
2	避免室内潮湿与虫害	室内潮湿不仅影响使用者的身体健康，也会使大部分材料发生不利的化学反应而变性失效，如腐蚀、膨胀、强度减弱等，造成重大的经济损失。所以，必须根据材料的各项性能指标，做好防潮工作，如保持室内有良好的通风等。 建筑虫害包括昆虫直接蛀蚀与分泌物腐蚀两种，由于其通常出现在较难发现的隐蔽部位，所以更须做好预防工作。尤其是分泌物腐蚀，如白蚁的分泌物，会对房屋结构造成根本性破坏，导致无法弥补的损伤。无论是木结构建筑还是钢筋混凝土建筑，都必须对虫害预防工作予以足够的重视
3	控制与消除装饰材料产生的副作用	装饰材料的副作用主要是针对有机物而言的，如塑料、化纤织物、油漆涂料、化学黏合剂等，其常在特定条件下产生大量有害物质，危害人的身体健康，影响正常工作与消防安全。所以，必须对其产生的副作用采取相应的控制与消除措施。如化纤制品除静电、地毯除螨等

3.墙台面及吊顶工程的养护

墙台面及吊顶工程一般由下列装饰工程组成：抹灰工程、油漆工程、刷（喷）浆工程、裱糊工程、块材饰面工程、罩面板及龙骨安装工程，要根据具体的施工方法、材料性能，以及可能出现的问题，采取适当的养护措施。但无论是对哪一种工程的养护，都应满足表7-8所示的共性要求。

表7-8 墙台面及吊顶工程的养护要求

序号	养护要求	具体说明
1	定期检查，及时处理	定期检查一般不少于每年1次。对容易出现问题的部位进行重点检查，尽早发现问题并及时处理，防止产生连锁反应，造成更大的损失。对于使用频率较高的部位，要缩短检查的周期，如台面、踢脚、护壁以及细木制品等
2	加强工程衔接处的养护	墙台面及吊顶工程经常与其他工程交叉，在衔接处要注意防水、防腐、防胀。如水管穿墙须加套管保护，制冷、供热管衔接处须加高强度绝热套管。墙台面及吊顶工程自身不同工程的衔接处，也要注意相互影响，采取科学的保护手段与施工措施
3	经常清洁	经常进行墙台面及吊顶的清洁，清洁时根据不同材料的性能，采用适当的方法，如防水、防酸碱腐蚀等
4	注意日常工作中的防护	进行各种操作时要防止擦、划、刮伤墙台面，防止撞击。若进行有可能损伤墙台面材料的操作，要采取预防措施。如在台面上养花、使用腐蚀性材料等，应有保护垫层；在墙面上张贴、悬挂物品，严禁采用可能造成墙面损伤或被腐蚀的方法与材料，如不能避免，应请专业人员施工，并采取必要的防护措施
5	注意工程材料所处的工作环境	遇有潮湿、油烟、高温、高湿等非正常工作环境时，要注意墙台面及吊顶材料的性能，防止其因处于不利环境而受损。如不可避免，应采取有效的防护措施，或在保证可复原条件下更换材料，但均须由专业人员操作
6	定期更换部件，保证工程整体协调性	由于墙台面及吊顶工程中的各工程以及某一工程中各部件的使用寿命不同。因而，为保证整体使用效益，可通过合理配置，使各工程、各部件均能充分发挥其有效作用，并根据材料部件的使用期限与实际工作状况，及时予以更换

4.门窗工程的养护

在门窗工程养护中，应重点注意表7-9所示的几个方面。

表7-9　门窗工程养护注意事项

序号	养护注意事项	具体说明
1	严格遵守使用规程	在使用时，应轻开轻关；遇风雨天，要及时关闭并固定；旋启式门窗开启后应固定；严禁撞击或悬挂物品；避免长期处于开启或关闭状态，以防门窗扇变形，关闭不严或启闭困难
2	经常清洁检查，发现问题及时处理	门窗构造比较复杂，应经常清扫，防止积垢而影响正常使用，如关闭不严等。发现门窗变形或构件缺失等现象，应及时修理或报修，防止对其他部分造成损坏或发生意外事件
3	定期更换易损部件，保持整体状况良好	对于使用中损耗较大的部件应定期检查更换，对于需要润滑的轴心或摩擦部位，要经常采取相应润滑措施，如有残垢，还要清除，以减少直接损耗，避免损失
4	北方地区冬季门窗使用管理	采用外封式封窗，可有效控制冷风渗透与缝隙积灰；长期不用的外门，也要加以封闭；卸下的纱窗要清洗干净，妥善保存，防止变形或损坏
5	加强窗台与暖气的使用管理	禁止在窗台上放置易对窗户产生腐蚀的一切物体。北方冬季供暖时还应注意对室内湿度的控制，使门窗处于良好的温湿度环境中，避免出现冷凝水或局部过冷过热现象

5.屋面工程的养护

屋面工程在使用过程中需要一个完整的保养制度，要以养为主，维修及时有效，以延长其使用寿命，节省返修费用，提高经济效益。在养护时应注意表7-10所示的事项。

表7-10　屋面工程养护注意事项

序号	养护注意事项	具体说明
1	定期清扫，保证各种设施处于有效状态	一般非上人屋面每季度清扫1次，防止堆积垃圾、杂物及非预期植物如青苔、杂草的生长；遇有积水或大量积雪时，要及时清除；秋季要防止大量落叶、枯枝堆积。上人屋面要经常清扫。在使用与清扫时，应注意保护重要排水设施如落水口，以及防建筑变形部位如大型或体形较复杂建筑的变形缝
2	定期检查并记录，发现问题及时处理	（1）定期组织专业技术人员对屋面各种设施按规定项目内容进行全面检查，并填写检查记录。 （2）对非正常损坏的部位要查找原因，防止产生隐患；对正常损坏的部位要详细记录其损坏程度。 （3）检查后，将所发现的问题及时汇报处理，并适当调整养护计划

序号	养护注意事项	具体说明
3	建立大修、中修、小修制度	在定期检查、养护的同时，应根据屋面综合状况，进行小修、中修或大修，保证其整体协调性，延长其整体使用寿命，以发挥其最高的综合效能，在长时期内获得更高的经济效益
4	加强屋面使用的管理	（1）在屋面的使用中，要防止产生不合理荷载与进行破坏性操作。 （2）上人屋面在使用中要注意污染、腐蚀等常见问题，在使用期应有专人管理。 （3）屋面增设各种设备，如天线、广告牌等，要保证不影响原有功能（包括上人屋面的景观功能）；要符合整体技术要求，如对屋面产生荷载的类型与大小会导致何种影响。 （4）在施工过程中，要由专业人员负责，并采用合理的构造方法与必要的保护措施，以免对屋面造成破坏或其他隐患
5	建议外包给专业的维修保养公司	屋面工程具有很强的专业性与技术性，检查与维修养护都必须由专业人员负责完成，而屋面工程的养护频率相对较低。所以为减轻物业服务企业的负担，更有效、更经济地做好屋面工程养护工作，可以将这项业务外包给专业的维修保养公司

6.通风道的养护

对通风道的养护应注意以下几点。

① 住户在安装抽油烟机和卫生间通风器时，必须小心细致地操作，不要乱打乱凿，给通风道造成损害。

② 不要往通风道里扔砖头、石块或在通风道上挂东西，挡住风口，堵塞通道。

③ 每年应逐户对通风道的使用情况进行检查。发现不正确的使用行为要及时制止，发现损坏情况要认真记录，及时修复。

④ 检查时可在楼顶通风道出口处测通风道的通风状况，并用铅丝悬挂大锤放入通风道检查其是否畅通。

⑤ 若通风道出现小裂缝应及时用水泥砂浆填补，出现严重损坏的应在房屋大修时彻底更换。

7.垃圾道的养护管理

对垃圾道的养护应注意以下几点。

① 指定专人负责垃圾清运，保持垃圾道畅通。

② 倾倒重物时要注意保护好垃圾道，避免碰撞，平时不要用重物敲击垃圾道。

③ 不要往垃圾道中倾倒体积较大或长度较长的垃圾。

④ 垃圾道出现堵塞时应尽快组织人员疏通；否则会越堵越严重，疏通起来更加费时费力。

⑤ 垃圾斗、出垃圾门应每两年重新刷一遍油漆，防止锈蚀，延长其寿命，降低维修费用。

⑥ 垃圾道出现小的破损要及时用水泥砂浆或混凝土修补，防止其扩大。

四、房屋日常养护的程序

1.项目信息收集

房屋日常养护项目的信息主要通过以下两个渠道来收集。

（1）走访查房

走访查房是物业管理人员定期对辖区内业户进行走访，并在走访中查看房屋，主动收集业户对房屋修缮的具体要求，对业户尚未提出或忽略的房屋及共用部位的损坏及时记录的工作。为了发挥走访查房的实际作用，应建立走访查房手册。

（2）业户报修

为方便住户随时报修，物业管理处应采取如图7-7所示的措施。

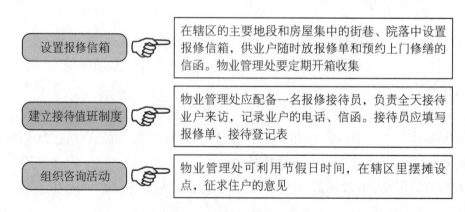

图7-7 方便业户报修的措施

2.计划编制

通过走访查房和接待业户报修等方式收集养护项目的信息，除室内照明、给水、排污等部位发生的故障及房屋险情等应及时解决外，其余项目信息，均由物业管理人员统一收集，逐一落实修缮。其中属于小修范围的项目，应按轻重缓急和维修情况进行处理。于月底前编制下月的养护计划表，并按计划组织实施。

凡超出小修范围的项目，也应于月底前填报中修以上工程申请表。工程部按照申请表，到实地查看，根据报修房屋的损坏情况和年度、季度养护计划，进行评估定案，安排人员予以解决。

对即将进场施工的项目，物业管理员要及时与业户联系，做好搬迁腾让等前期工作；对无法解决或暂不进场施工的项目，应向业户说明情况。

3.计划落实

工程主管根据房屋养护计划表和需要急修的项目表，开列养护单；维护人员凭养护单领取材料，根据养护单所列的项目地点、项目内容进行施工。

在施工中，工程主管应每天到施工现场，解决施工中出现的问题，检查当天任务完成情况，并安排次日的养护工作。

🔍 **【实战工具17】** ▶▶▶ -

房屋中（大）修工程计划表

编号：

工程名称	
计划时间	
计划维修人员	
工程内容（包括维修内容和材料预算等）	
工程主管意见：	
相关部门意见：	
物业管理处经理意见：	
公司总经理意见：	

- -

第八章
业户关系管理

物业服务企业属于服务型企业，提供服务商品，其客户就是业户。物业服务企业在其经营、管理和服务的过程中，不可避免会与业户产生极其复杂的关系。因此，实施客户关系管理对物业服务企业有着至关重要的意义。

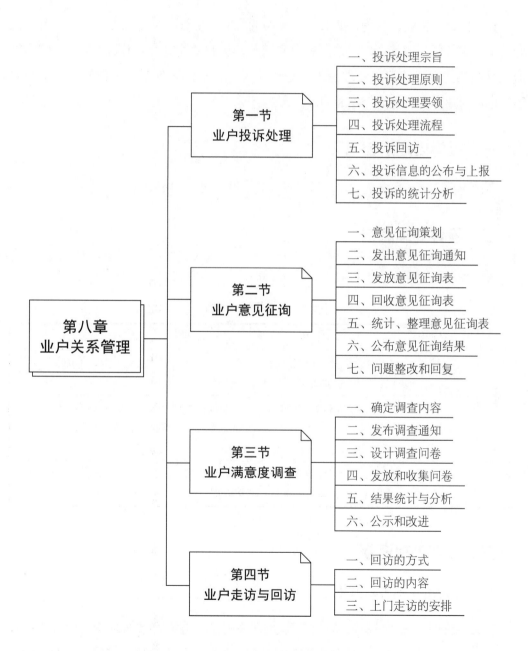

第八章
业户关系管理

第一节
业户投诉处理

一、投诉处理宗旨
二、投诉处理原则
三、投诉处理要领
四、投诉处理流程
五、投诉回访
六、投诉信息的公布与上报
七、投诉的统计分析

第二节
业户意见征询

一、意见征询策划
二、发出意见征询通知
三、发放意见征询表
四、回收意见征询表
五、统计、整理意见征询表
六、公布意见征询结果
七、问题整改和回复

第三节
业户满意度调查

一、确定调查内容
二、发布调查通知
三、设计调查问卷
四、发放和收集问卷
五、结果统计与分析
六、公示和改进

第四节
业户走访与回访

一、回访的方式
二、回访的内容
三、上门走访的安排

第一节　业户投诉处理

业户投诉是指业户认为物业服务工作中的失职、失误、失度、失控行为伤害了他们的尊严或权益，或其合理需求没有得到满足，从而通过口头、书面、电话、网络等形式反馈的意见或建议。处理投诉，是物业经理日常管理与服务工作的一项重要内容，也是与业户直接交流与沟通的最佳方式。

一、投诉处理宗旨

站在业户角度，尽最大可能解决业户实际问题，提升业户满意度。

二、投诉处理原则

物业经理在处理业户投诉时，应遵循表8-1所示的原则。

表8-1　处理投诉的原则

序号	处理原则	具体说明
1	及时原则	对投诉及时作出反应，并在规定的时间进行有效处理，不能及时处理完毕的应按时跟进进展情况，并及时通知业户
2	诚信原则	注重承诺和契约精神，有诺必践；处理问题应以公开透明为标准，不暗箱操作；为保持信誉，应注意不轻易承诺能力以外的事情，不轻易保证结果
3	专业原则	以专业标准要求自己，体恤、尊重客户；协助专业部门从专业角度处理问题，做到实事求是、有根有据，维护公司专业形象

三、投诉处理要领

1.认真对待，不敷衍塞责

对具有管理责任或具有群体投诉倾向性质的投诉，部门负责人应第一时间出面致歉，以示对业户的尊重，并且要迅速查明情况，高效率处理问题，这属于物业管理的责任，不能推卸。

2.坚持原则，不随意让步

以法律法规、合同、质量标准、国家规范为依据，明确事实。对于涉及赔偿问题的情况要根据管理责任划定承担范围，必要时由物业服务企业出面协调。

3.态度鲜明，不含糊其词

对物业服务企业不应当承担的责任，应明确告知业户，即使业户不接受，甚至以曝光相要挟，都不能含糊其词；对于不能即时答复的事，应在查清事实后，给业户一个负责任的答复；如发现业户可能采取过激行为的，应及时向相关领导反映。

4.统一回复口径

在回复业户时应统一回复口径，避免不同的人回复的结果不同，公司对外要有统一的发言人。

四、投诉处理流程

物业管理处应及时公布受理业户投诉的渠道，包括投诉电话、传真、电子邮箱地址等，保证24小时均有专人受理业户投诉且投诉渠道便利、畅通。

1.投诉的受理

① 受理人员接到业户的投诉时应及时登记，应登记的信息包括：业户的姓名、地址、电话、投诉事件等。受理业户投诉时应表达对业户的尊重和关心，认真了解事件的真相、业户的感受和业户想通过投诉达到什么目的，受理结束时，要向业户致歉或感谢其对物业服务工作的支持。

小提示

受理邻里纠纷投诉时，注意不要强行索要业户房号、姓名等，以免投诉业户反感。

② 受理人员对于不了解的事情，忌猜测和主观臆断，能够及时处理的投诉要及时处理，不能及时处理的，应与业户明确最快反馈信息的时间，然后立即将投诉信息转交部门负责人（或指定岗位），由部门负责人（或指定岗位）处理业户投诉。

③ 受理人员接到业户投诉时应准确记录并及时反映至指定岗位。

④ 物业管理处每日需对当日受理的投诉进行盘点，以防止因遗漏或信息传递上的失误，延误投诉处理的时机，导致投诉升级或矛盾激化。

🔍【实战工具18】▶▶ ---

业户投诉处理表

物业管理处：

楼栋/房号		业户姓名		联系电话	
投诉时间：　　年　　月　　日　　时　　分					
投诉内容：					
调查情况：					
有效投诉□　无效投诉□				调查人：　　年　　月　　日	
处理意见：					
				责任人：　　年　　月　　日	
处理结果：					
回访情况					
回访形式			回访时间		
业户满意度	比较满意（　） 满意（　） 不满意（　）				
业户其他意见：					

2.投诉的处理

① 业户投诉负责人根据投诉内容，安排专业人员根据业户投诉信息进行现场了解。

② 根据了解的情况拟订处理措施，在约定或规定的时间内回复业户。

③ 如果业户同意，则按双方达成的一致意见处理；如果业户不同意，则进一步与其沟通和协商，直至双方达成一致意见。

④ 物业管理处努力后仍不能处理的投诉，应及时向上级部门报告，由上级部门负责处理、跟进和回访。

⑤ 对于直接上交到企业的投诉，物业管理处进行处理后，应将结果及时反馈至企业，以便于企业回访。

⑥ 对于业户的无理投诉，也应该给予合理、耐心的解释，运用适当的沟通技巧让客户接受。

3.网上投诉处理

① 物业管理处应重视网上投诉的负面效应，安排专门人员关注网上投诉，及时将网上投诉通知被投诉的业务负责人或指定岗位人员，让其调查投诉事件真相。

② 被投诉部门应立即调查、了解投诉事件真相，并将事实情况及拟处理措施经部门负责人审批后反馈至物业管理处和上级部门，严禁员工在网上回复不严肃或带有讽刺意味的内容。影响面较大的事件，可能会出现跟帖或群诉的现象，对这种情况的处理措施须先报上级部门审核。

③ 投诉产生后限定时间内须有回复，工作时间内产生的网上投诉应在当天回复且有具体措施，非工作时间产生的网上投诉应在上班后的当天回复且有具体措施。

④ 对于网上投诉，在回复时要体现真诚，不推卸责任，回复内容要涵盖所有的投诉问题；要体现专业，不犯专业错误，避免消极应付，对网上投诉不能采取轻视态度，防止出现回复不当导致众多跟帖，引发公愤的现象。

五、投诉回访

客户投诉处理完毕经过验证合格后，物业经理应安排人员及时回访客户，并对客户意见进行记录。

1.不需回访的情况

以下几种情况无须回访。

① 现场能即时处理并得到业户满意确认的投诉。

② 匿名投诉、无法确定联络方式的网络投诉。

③ 不便回访的敏感投诉等。

④ 对于非本部门责任的投诉，应及时跟进、协调，并适时向业户通报进展状况。

2. 回访内容、形式

回访主要是征询业户对投诉受理过程、处理措施、处理结果的意见，回访形式包括电话回访、上门回访、网上回访和调查问卷回访等。

小提示

如业户因个人原因对回访或访谈非常不接受，一定要记录清楚，避免因再次回访或访谈而被投诉。

六、投诉信息的公布与上报

1. 业户投诉信息公布要求

物业管理处应将共性投诉，公共部位、公共利益类投诉，业户纠纷类投诉等业户投诉和处理情况每月公布一次（如无此类投诉，可不用例行公布），公布可通过小区公布栏、社区刊物、业户恳谈会等途径进行，目的是使业户及时了解投诉处理进程，增加和业户沟通交流的机会。

2. 投诉信息上报要求

物业管理处应对投诉信息的上报作出明确规定，如表8-2所示。

表8-2　投诉信息上报要求

序号	投诉分类	上报要求
1	所有投诉	应进行汇总分析，并在规定日期（如每月28日前）报上级部门
2	重大投诉	应在一个工作日内报上级部门和分管领导，处理完毕后应有详细的专题报告，包括投诉的内容，产生投诉的原因，处理过程和结果，经验教训和纠正措施（重大投诉指因物业服务工作失误导致的，要求赔偿金额1000元以上的投诉）
3	热点投诉	应在一周内报上级部门和分管领导，上报内容包括投诉内容、投诉原因分析、目前处理情况、投诉处理难点及需协助的事项。处理完毕后一周内将投诉的内容、产生的原因、处理过程和结果、经验教训等形成专题案例报告，报上级部门和分管领导（热点投诉指一个月内累计三次以上不同投诉人的相同投诉或三人以上的集体投诉）

七、投诉的统计分析

1.业户投诉统计

物业管理处应每月对业户投诉进行一次统计。统计的内容包括对投诉产生的原因（性质的分析），投诉总件数、具体内容、采取的纠正措施及经验教训总结、投诉处理结果等。

① 统计的投诉应包含以各种途径受理的各种形式的投诉，包括来访、来电、书信、电子邮件、网上论坛、报刊等，同时也包含上级公司、相关单位传递的与物业服务相关的投诉。

② 物业管理处受理的所有一线投诉，投诉受理人都应予以完整记录，由专人负责核实，确定是否予以统计。

③ 对于同一业户提出的不同投诉，应在对应的投诉类型中分别统计投诉件数。

④ 多人多次对于同一事件的投诉，按一件投诉统计，但应在投诉内容中具体说明投诉人数、次数及影响程度。

⑤ 对于线上投诉的统计，应按投诉内容区分，多人多次对于同一事件的投诉或跟帖，按一件投诉统计，但应具体说明线上投诉的热度及线下影响程度，对于跟帖中出现的新投诉应另行统计。

⑥ 所有投诉应按其产生的最终原因进行分类统计，避免根据业户投诉时所描述的表象进行分类。

⑦ 投诉是否完结，以回访时业户对投诉处理结果是否满意作为判断依据，对于无须回访的投诉，以处理完毕后一周内无再次投诉作为投诉完结的判断依据。

2.业户投诉分析

投诉分析的内容应包括对某时间段内投诉总量、投诉类型、投诉趋势等的比较和投诉形成原因分析，有针对性的纠正措施分析，重点投诉、代表性投诉的深度剖析等，同时应深层次挖掘投诉产生与项目定位、业户群体、服务标准、收费标准、资源成本等方面的关系，为今后同性质项目的物业管理提供参考依据。具体分析要素如下。

（1）投诉总体分析

投诉总体分析包括投诉总量及其发展趋势分析（各时间段的纵向比较）、各月份投诉量的分析及产生原因。如分析投诉是否与新业户入住，或新员工培训不到位等因素有关。

各部门的投诉总数及相应的业务强弱项分析，找出工作不足之处并采取措施避免类似投诉发生（着重从中找出业户较关注的业务，并进行横向比较分析）。

（2）投诉重点分析

对投诉比较多的部门进行投诉原因的细项分析，具体可参照影响服务质量的人、机、料、法、环境五大因素，如表8-3所示。

表8-3　业户投诉原因的细项分析

序号	因素	具体说明
1	人	由于物业服务人员因素影响服务质量而引起的投诉，具体分为以下几个方面。 （1）服务态度：职业道德、敬业精神、服务礼仪、服务心态等 （2）服务规范：是否严格按照公司有关规定、流程、标准、时限提供服务 （3）服务技能：是否具备岗位所需的基本技能、专业知识和服务技巧等
2	机	由于物业服务设施因素影响服务质量而引起的投诉，具体分为以下几个方面。 （1）外观完好性：服务设施外观是否完好，包括外观是否整洁，有无破损，有无安全隐患，配件、说明书是否齐全等 （2）质量合格性：服务设施质量是否合格，是否经常失效等 （3）功能适用性：服务设施功能是否适用，其设置是否充分发挥功效，是否达到了预期的管理服务目的
3	料	由于物业服务过程中使用的物料（主要是低值易耗品、标志等）或提供的信息等因素影响服务质量而引起的投诉
4	法	由于物业服务规范、流程、标准、管理方法、服务方式等因素影响服务质量而引起的投诉
5	环境	由于外部环境因素影响服务质量而引起的投诉

（3）投诉个案分析

投诉个案分析主要针对具有代表性和影响大的投诉，分析包括投诉要点及突出反映的问题、投诉产生的原因、处理过程和结果、事件恶化的原因、经验教训和纠正措施等。

（4）投诉处理过程分析

对投诉的处理措施、建议等也要进行分析，找出一些有效的方法来。

第二节　业户意见征询

为加强物业管理处与业户之间的联系与沟通，及时了解业户的心声，物业经理应建立业户意见征询制度，做好业户意见征询工作。

一、意见征询策划

① 根据物业项目所在地主管部门的有关规定、行业的有关规定、物业服务合同中的约定等，在年度工作计划中确定年度业户意见征询的次数。

② 确定每次意见征询的起止时间、主要责任部门及责任人、协助部门及协助人等。

③ 至少在开始业户意见征询前一个月，根据物业项目服务等级要求，以及日常业户反映较多的问题等，确定意见征询的范围和内容。

④ 根据确定的意见征询范围和内容，设计业户意见征询表，原则上按一户一表的数量制作。

【实战工具19】▶▶ -

业户意见征询表

尊敬的业户：

您好！为您提供周到、完美的服务，不断提高您的生活质量，是我们作为物业管理人义不容辞的责任，为了听取您的意见和建议，请您填好本调查表，然后交给岗亭值班人员，以便我们日后根据您的意见或建议改进我们的工作，将服务工作做得更好，把小区建设成为更加文明、温馨、美丽的家园。谢谢！

姓名			房号		联系电话	
评价项目	满意	较满意	不满意	建议与意见		
服务态度						
服务质量						
投诉处理						
清洁卫生						
园林绿化						
治安管理						
车辆管理						
社区文化						
尊敬的业户，请在此谈谈您对物业经理及本公司在整体服务质量等方面的评价，如果您有好的意见和建议，也请在此提出，谢谢！ 　　业户签名：						
				××物业管理有限公司 ____年____月____日		

⑤ 意见征询结果的统计内容包括：本物业项目业户总数，意见征询表发出数、发放率，意见征询表回收数、回收率，各项征询内容满意率，综合满意率。

🔍【实战工具20】▶▶ -

业户意见征询表发放、回收情况一览表

部门：   □年 □半年   编号：

序号	发放部门	发放份数	发放人	发放日期	接收人	回收份数	回收人	回收日期	备注
总计	—			—	—			—	

归档：   日期：

业户意见征询表发放率、回收率一览表

部门：   □年 □半年   编号：

业户总数		征询表发放份数		征询表回收份数	
	发放率 $=\dfrac{\text{发放份数}}{\text{客户总数}}=$ _____ $\times 100\%=$ %				
	回收率 $=\dfrac{\text{回收份数}}{\text{发放总数}}=$ _____ $\times 100\%=$ %				
备注					

- -

⑥ 确定意见征询结果统计标准。

各项征询内容满意率＝（该项内容满意份数＋较满意份数）/回收份数 ×100%

综合满意率＝各项征询内容满意率之和/征询项目数 ×100%

二、发出意见征询通知

至少在进行业户意见征询前5天，在物业项目内宣传栏、单元楼告示栏、楼宇大厅等醒目处张贴书面通知，或通过短信、微信公众号、微信群等渠道向业户发出意见征询的通知。

业户意见征询通知的内容主要应包括以下内容。

① 意见征询的目的、意义。

② 意见征询的起止时间。

③ 意见征询表的发放方式、回收方式及时间。

④ 对于意见征询有关事项可咨询的部门及电话号码、电子邮箱等。

下面是一份小区物业服务意见征询通知的范本，仅供参考。

范本

关于进行小区物业服务意见征询的通知

尊敬的业户：

为加强物业管理公司与业户之间的相互交流和沟通，充分发挥业户参与小区管理、监督物业管理公司服务质量的作用。××物业管理有限公司_____管理处将于_____通过上门探访与派发业户意见征询表的方式，征询您对现有物业管理服务的意见和要求，以及小区还须增设哪些便民服务。

请您收到管理处派发的业户意见征询表后如实填写，并于____前返还管理处或通过致电、预约会谈、书函投递等方式将意见反馈给我们。

服务工作永无止境，小区的建设需要您的积极参与和支持，我们真心希望您能提出宝贵的意见和建议，与我们携手共建温馨、祥和的美好家园。

如有疑问，请致电咨询。电话：×××××××××

××物业管理服务有限公司

年　　月　　日

三、发放意见征询表

向业户发出业户意见征询表的方式要根据物业项目的实际情况确定，以可行性强、可操作性强、回收率高为基本原则。

发放业户意见征询表主要有以下方式。

① 逐户上门发放。

② 将征询表放在指定地点由业户自取。

③ 将征询表放在客户服中心，在业户来交费、办事、经过时交予业户或提示其取走。

④ 将征询表放进每个业户的信报箱。

⑤ 若知道业户电子邮箱，可通过电子邮件发送征询表并打电话提示业户。

⑥ 其他方式。

 小提示

业户意见征询表的发放率不应低于80%。

四、回收意见征询表

根据事前确定的回收时间和回收方式，回收意见征询表。

回收意见征询表的方式主要有以下几种。

① 逐户上门回收。

② 让业户将意见征询表交到指定地点。

③ 业户到客户服务中心办事时交给客户服务人员。

④ 业户通过电子邮箱回复等。

 小提示

物业管理人员在回收意见征询表的过程中，应主动、积极，想方设法提高回收率，保证回收率不低于80%。

五、统计、整理意见征询表

① 对回收的意见征询表进行统计。统计内容和标准按规定执行。

② 将统计结果记录在业户意见征询情况统计表上。

③ 对业户在意见征询表上反映较为集中、较为强烈、严重影响到服务质量的问题，进行分类整理，划归责任部门，明确责任人，制订整改措施，确定整改完成时间。

【实战工具21】▶▶

业户意见征询情况统计表

项目＼评价	满意		较满意		一般		不满意	
	份数	比例（%）	份数	比例（%）	份数	比例（%）	份数	比例（%）
客服接待								
安保服务								
维修服务								
保洁服务								
绿化服务								
社区事务								
……								
合计份数			统计日期			年　　月　　日			

六、公布意见征询结果

① 将业户意见征询情况统计表、意见汇总及整改措施以书面形式公布。根据物业项目的具体情况，确定公布的方式，一般有图8-1所示的几种。

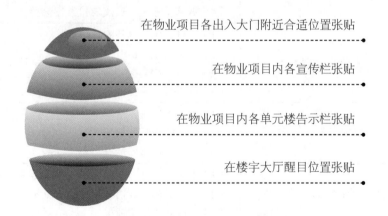

在物业项目各出入大门附近合适位置张贴

在物业项目内各宣传栏张贴

在物业项目内各单元楼告示栏张贴

在楼宇大厅醒目位置张贴

图8-1　意见征询结果公布方式

② 对不能或暂不能进行整改的问题，要向业户作出合理的必要的说明和解释，一并公布。

七、问题整改和回复

① 由整改措施中确定的责任人和责任部门，对存在的问题进行整改。

② 根据整改的时限要求，以书面形式向全体业户汇报整改结果情况。

③ 对需要较长时间才能整改完毕的问题，应在汇报材料中予以说明。

第三节　业户满意度调查

为了提高管理服务质量，物业管理处应开展业户满意度调查，这既是对自身管理工作的肯定，也可作为今后改善管理服务的依据。

一、确定调查内容

业户满意度调查应涉及物业服务的各个方面，具体内容如表8-4所示。

表8-4　业户满意度调查内容

序号	调查项目	具体内容
1	物业工作人员仪表及服务态度	（1）物业服务企业办公人员仪表和服务态度 （2）维修人员仪表和服务态度 （3）保安人员仪表和服务态度 （4）保洁及绿化人员仪表和服务态度
2	设施设备维护情况	（1）电梯、机电设备的维护情况 （2）供水设施、机电设备的运行维护情况 （3）墙体维护情况 （4）娱乐设备维护情况
3	管理服务情况	（1）安全管理服务情况 （2）环境管理服务情况 （3）社区文化服务情况
4	信息处理及社区政策落实情况	（1）业户投诉处理及时性和处理情况 （2）停水、停电等信息预先通知情况 （3）社区政策落实情况
5	收费情况	（1）物业费用收取情况 （2）业户对收费标准的评价
6	住宅房屋舒适情况	（1）业户对住宅设计的满意度 （2）业户对房屋工程质量的满意度

二、发布调查通知

为了使业户对调查工作提前做好准备，物业管理处应在调查之前发布调查通知，可张贴在物业项目的公告栏中。

下面是一份业户满意度调查通知的范本，仅供参考。

关于业户满意度调查的通知

尊敬的业户：

您好！为了更好地为您服务，我们将在本月进行业户满意度调查工作。请您完整填写由我公司发放的满意度调查问卷，为我们的各项工作打分，并提出宝贵意见。为感谢您对我们工作的支持，我们拟在所有有效回收的问卷中抽奖，详情请见调查问卷。

调查问卷的发放方式：主要通过物业公司服务人员上门发放，您也可直接到客户服务中心领取。

调查问卷的发放时间：＿＿＿月＿＿＿日至＿＿＿月＿＿＿日。

调查问卷的收回时间：＿＿＿月＿＿＿日至＿＿＿月＿＿＿日。

详情垂询：×××××××

非常感谢您的支持！

×× 物业管理有限公司客服中心

20××年×月×日

三、设计调查问卷

业户满意度调查的方式很多，如上门调查，即安排专门员工上门调查等。不过一般用得最多的还是问卷调查，即由物业管理处根据业户关心的各个方面设计出的问卷调查表，由业户填写，以此来了解业户对物业管理的满意度。

下面是一份业户满意度调查问卷的范本，仅供参考。

范本

业户满意度调查问卷

尊敬的业户：

您好！

为了更好地服务各位业户，本公司特请您对我们的服务工作进行测评。请在下表中您认为合适的"□"内打"√"，或选择您认为合适的选项。

一、您的基本情况

1.您的姓名：＿＿＿＿＿＿＿ 性别：□男 □女

年龄：□18 ~ 30岁 □31 ~ 40岁 □41 ~ 50岁 □51 ~ 60岁
□61岁以上

联系电话：＿＿＿＿＿＿＿＿＿＿＿

2.您所居住的物业名称：＿＿＿＿＿＿ 物业管理处：＿＿＿＿＿＿

物业属性：□商品房 □售后公房 □租用公房 □其他

物业类型：□高层 □小高层 □多层 □别墅 □其他

入住时间：＿＿＿＿＿＿＿

二、物业管理各类服务项目满意度测评

A.满意；B.较满意；C.一般；D.较不满意；E.不满意

1.安保服务

（1）保安人员规范服务（仪表仪容、挂牌上岗、举止文明、环境熟悉、秩序维护、服务态度等） A B C D E

（2）24小时保安站岗、巡岗安全服务 A B C D E

（3）外来访客、闲杂人员、物品的进出管理 A B C D E

（4）机动车辆管理（车辆登记、停车证收发、车辆指挥、收费等）
A B C D E

（5）停车场（露天、地下）管理（场地整洁、车辆停放有序、道路畅通、标志清楚等） A B C D E

（6）消防及安全设施管理（消火栓、灭火器、防盗门、电子对讲门禁系统、监控等） A B C D E

2.保洁服务

（1）清洁岗位规范服务（仪表仪容、举止文明、服务态度等） A B C D E

（2）室内公共区域清洁服务（门厅、大堂、楼梯、扶手、台阶、楼道走廊

墙面、天花板、玻璃窗、公共设备设施、标志与装饰物等） A B C D E

（3）室外公共区域清洁服务（道路、广场、雕塑、公共设备设施、标志与装饰物等） A B C D E

（4）生活垃圾要袋装，日产日清，垃圾桶、垃圾箱、垃圾房定期卫生杀虫 A B C D E

（5）建筑垃圾的清运与管理 A B C D E

3.绿化养护服务

（1）绿化养护现状（花草树木长势、修剪状况、补种换苗情况等） A B C D E

（2）绿化养护情况（浇灌、施肥、病虫害防治等） A B C D E

（3）绿化区域内环境卫生 A B C D E

4.业户接待服务

（1）接待场所的环境与布置 A B C D E

（2）业户接待人员规范服务（仪表仪容、挂牌上岗、举止行为、文明用语、服务态度等） A B C D E

（3）全年的业户服务情况 A B C D E

（4）公开办事制度、公开办事纪律、公开收费项目与标准 A B C D E

（5）各类投诉（电话、书信、来访等）的日常管理、投诉事项处理（处理时限，处理结果、反馈与回访等） A B C D E

（6）装修管理（图纸审批、合约签订、施工人员管理、装修现场监督与管理、违章处理、装修验收） A B C D E

（7）与业户的交流与沟通 A B C D E

（8）严禁吃、拿、卡、要等行为的执行情况 A B C D E

5.维修服务

（1）维修人员规范服务（仪表仪容、挂牌上岗、举止行为、文明用语、服务态度等） A B C D E

（2）全年24小时报修项目的受理情况 A B C D E

（3）各类报修项目的维修情况（维修时限、维修质量、验收签字、维修回访等） A B C D E

（4）严禁吃、拿、卡、要等行为的执行情况 A B C D E

6.房屋设备设施运行管理

（1）小区供水、供电情况 A B C D E

（2）电梯运转情况（轿厢清洁、日常运行、保养运作等）　　A B C D E

（3）小区楼内照明与道路照明情况　　A B C D E

（4）水箱清洗情况　　A B C D E

7.综合管理与服务评价

（1）您对本公司整体管理与服务水准的评价　　A B C D E

（2）您对本公司各类管理服务收费的合理性的评价　　A B C D E

（3）您对物业管理处开展的各类服务（有偿服务、无偿服务、特约服务等）的评价　　A B C D E

（4）您对物业管理处开展的各类社区活动的评价　　A B C D E

四、发放和收集问卷

1.发放和收集的时间

发放和收集调查问卷要在合适的时间，例如在节假日、周末或晚间，这些时段业户的时间比较充裕，有助于调查工作顺利完成。另外填写调查问卷的时间应控制在15分钟以内。

2.发放和收集的方式

发放和收集调查问卷可以采取上门入户发放、在小区内设点发放的形式。上门入户的调查员要先经过培训，发放问卷时要注意礼貌，回收问卷时要保证回收率。问卷要发放到每位业户的手中，做到不重不漏。

五、结果统计与分析

物业服务企业应对调查的结果进行统计与分析，最好能形成书面的调查报告。

💡 **小提示**

每次调查结束后，物业管理处都应安排专人对所有调查问卷进行统计分析，将业户在问卷中提到的对各服务项目的意见和建议明确列出，撰写相关报告，并在下阶段工作中予以改进。

【实战工具22】▶ -

业户满意率统计表

部门：　　　　　　　　　　　　　　　　　　　　　日期：

项目	回收总数/份	满意业户数/人			满意率/%
		满意	较满意	不满意	
服务态度					
服务质量					
投诉处理					
清洁卫生					
园林绿化					
治安管理					
车辆管理					
社区文化					
总体满意率					

总户数		发放份数		发放率	
		回收份数		回收率	

业户意见（集中或突出问题）：

未达标项：

原因分析及改进措施：

物业管理处经理签字：　　　　　　　　　　　　　　　　　日期：

注：单项满意率=（单项满意业户数/回收总数×100%）+（单项较满意业户/回收总数×95%）；总体满意率=各单项满意率总和/8。

- -

六、公示和改进

对于调查的结果，要进行公示。公示的方式同意见征询结果的公示方式。

公示中要对未达到质量目标的项目和客户普遍反映的问题进行回复，并根据其严重程度采取相应的改进方法和纠正、预防措施。

下面是一份业户满意度调查反映的问题处理回复的范本，仅供参考。

范本

致小区业户的一封信
——关于业户满意度调查反映的问题处理回复

为了20××年下半年更好地为各位业户服务，我公司某项目管理处近期组织了一次业户满意度调查，我们对业户提出的各项合理建议和意见进行了分析汇总，并召开专题会议就业户所提问题进行了研究，现将业户普遍关注的问题回复如下。

一、电动车充电问题

关于电动车充电问题，公司极为重视，立即对其他小区电动车充电情况进行了考察，旨在给业户提供一个便捷、安全、经济的充电环境。就目前所掌握的情况，多数小区电动车露天充电存在极大弊端，会造成电动车电瓶烧坏，甚至造成电动车自燃的情况，诱发火灾，我公司技术人员仍在论证适宜的充电方案，亦希望广大业户就电动车充电问题积极献计献策，如有好的方案或建议，可致电我司客户服务中心以备参考，以便我们获取合理的、便利的、可行的充电方案。

二、小区卫生、绿化问题

1.立即着手对保洁岗位的人员进行调整。

2.加强保洁人员的素质及服务态度培训，提高卫生标准。

3.定期对小区公共绿地及楼道进行消杀，同时希望各位业户养成出入关门的习惯，以及良好的卫生习惯，生活垃圾不要随处乱扔。

4.关于小区绿化，我司已安排专人负责，进行定期维护、修剪、浇水。

三、小区停车问题

1.对小区非机动车辆的停放我们将安排巡逻员进行规整，同时希望各位业户主动把车辆停放在车棚内。

2.针对小区车辆被划，我们将采用加大巡查力度，增布岗哨、增加监控的方法去防范。

3.关于机动车停放，公司会在＿＿＿年＿＿＿月中旬将门岗智能系统修复启用，＿＿＿年＿＿＿月中旬将地面车位进行抽签安排。

四、门岗出入管理

1.我们将对业户提出的问题，进行一次集训整顿，从秩序维护人员责任心、服务意识上下手，在专业上进行培训。

2.在平时的工作中我们会加大自查与督察力度，同时希望各位业户在百忙中多提出宝贵意见，多加谅解、配合我们工作，大家共同建设和谐稳定的生活环境。

五、其他问题

1.对于公共走廊墙砖脱落问题，我司客服人员已经做了一次全面仔细的统计，现在正进行集中处理维修。

2.关于业户提出的应加大巡逻及监控力度的建议，我公司已采取相应措施。

感谢一年来广大业户的理解与支持，在今后的工作中我们将一如既往，用我们的真诚为各位业户提供优质服务，同时，我们亦希望各位业户能参与小区建设工作，积极献计献策，我们会虚心接纳广大业户的建议，同各位业户一起处理小区各项工作，实现共管共治！

让我们携起手来，共创优美、舒适、和谐家园！

××物业管理有限公司

20××年×月×日

第四节 业户走访与回访

物业管理处要做好物业管理服务工作，加强与业户的联系，及时为业户排忧解难。同时，应不断总结经验教训，集思广益，提高管理水平和工作质量，应经常开展回访工作。做好回访工作，有利于促进物业管理处和业户的关系，有利于物业管理处把工作做好，更好地为小区管理服务。

一、回访的方式

在进行回访时，为了不影响业户的正常生活、工作，一般采用电话回访的方式，还可以与现场查看、检查等方式综合进行。回访由物业管理处派专人负责，不定时进行。

二、回访的内容

回访内容主要包括水、电、暖、气等生活设施的使用与管理，以及卫生管理、绿化管理、公共管理、维修质量、服务态度等方面的问题。

1.关于投诉的回访

① 回访时应虚心听取业户的意见，诚恳接受批评，采纳业户的合理化建议，做好回访记录。回访记录指定专人负责保管。

② 回访中，如对业户的问题不能当即答复，应告知最快回复时间。

③ 回访后对业户反馈的意见、要求、建议、投诉应及时整理，快速作出反应，妥善解决，重大问题要向上级部门请示。对业户反映的问题，要做到件件有着落、事事有回音，回访率达100%，投诉率尽力控制在1%以下。

④ 对投诉必须100%回访，必要时可进行多次回访，直至业户满意为止。

2.关于维修的回访

秉持对业户负责的原则，也为确认和考核维修质量及维修人员的工作态度，在维修工作完成后，一定要做回访，这也是许多物业管理处通行的做法。

（1）维修回访的内容

① 实地查看维修项目。

② 向在维修现场的业户或其家人了解维修人员的服务情况。

③ 征询改进意见。

④ 核对收费情况。

⑤ 请被回访人签名。

🔍 【实战工具23】▶▶ ---

回访记录表

编号：　　　　　　　　　　　　　　　　　　　　顺序号：[　　] 年第　　　号

回访时间			回访人	
回访形式	上门回访□ 电话回访□	相关的单据号 （记录或依据）		
回访内容				

业户意见		业户签名	
		日期	
备注			

归档：　　　　　　　　　　日期：

（2）维修回访原则

小事、急事当时或当天解决，如果同时有若干急事，应如实告知客户，协商解决时间。一般事情，要做到当天有回复，三天内解决；重大事情三天有回复，七至十五天内解决。对维修后，当时看不出维修效果的，或可能再出现问题的，应进行多次回访；对维修效果很明显或正常低值易耗品的维修可进行一次性回访。

（3）维修回访语言规范

回访工作可以通过亲自上门拜访、实地查看的方式，也可以通过电话与业户进行沟通确认，无论以何种方式进行，用语都要规范，声音要温和，表达要清晰。

以下是一些常见的回访用语，可灵活运用。

"您好，我是××物业管理处的员工，今天来回访，请问您对我们的维修服务质量是否满意？"

"先生（女士），您的水龙头现在还会不会漏水？我们维修服务人员态度，您满意吗？"

"先生（女士），您在电话中反映的有关维修服务人员乱收费的情况，我们已做了调查与处理，今特来回访，与您沟通一下情况。"

（4）维修回访时间

回访时间一般安排在维修后一星期之内。

比如，某知名物业公司对维修回访作出如下规定。

① 对危及业户生命、财产安全的，如天花板批档层脱落，墙裂缝严重，灯罩松动，橱柜松动、倾斜，电器外壳带电等问题，应马上给予处理解决。处理后，一周内回访一次，并视情节轻重在必要时采取不间断跟踪回访。

② 房内墙角、天花板出现渗水现象，在接到通知后，马上到现场查明原因，在两日内给予判断、处理、解决，维修后第二天回访一次，如是下雨造成的渗水，在下雨后马上回访一次。

③ 洗菜池、洗脸池、坐厕或其他管道堵塞或漏水的，应当日予以解决，次日回访。

④ 电视机、录像机、电冰箱、电烤箱等家电出现问题的，当天予以检查，属简单维修的，如插头断了或接触不良等故障的维修，在维修后的第二天回访一次。

⑤ 业户的电视收视效果差时，应马上与有关单位联系，两日内予以解决，解决后次日回访。

⑥ 业户房内墙面出现裂缝，但不危及生命或影响正常生活的，可与有关单位联系，三日内予以解决，五日内回访一次，一个月内回访第二次。

（5）回访问题处理

一般而言，对回访中发现的问题，应在24小时内书面通知维修人员进行整改。

三、上门走访的安排

当物业管理人员与业户进行当面交流时，双方的情绪、眼神、肢体语言，面部表情可以相互感染和影响，一杯热茶、一个微笑可以使前嫌尽释，化干戈为玉帛，可以消解文字的冰冷和打电话时的客套，有着其他方式无法比拟的优点。但这种方式也并不是十全十美的，当双方观点不一致和关系出现僵局时，稍有不慎反而会导致矛盾升级。因此，物业经理要做好上门走访的安排。

1.人员安排

走访业户时应注意一些问题，如走访通常由两个人组成一个小组，人多了，会给业户造成心理上的压力；小组成员通常是一男一女，不管业户是男是女，都不会引起尴尬和不便，成员之间也能有照应，可以相互做见证。

2.走访的时间安排

① 走访的时间安排在业户下午下班后较为合适，占用业户休息时间也是不尊重对方的表现。

② 走访的时间要长短适宜，太短达不到效果，太长影响业户正常生活，通常在半小时左右，当然要视情况而定，不能一概而论。

③ 走访应提前预约，不能突然去业户家里。

第九章
物业成本管理

随着竞争的日益加剧，我国物业管理行业也进入了微利时代，物业服务企业想要获得更多的发展空间，提升企业的实际经济效益，就必须从加强企业成本控制方面入手。只有实现对成本的有效控制，才能提升企业综合竞争实力，也才能使企业在市场上占有一席之地。

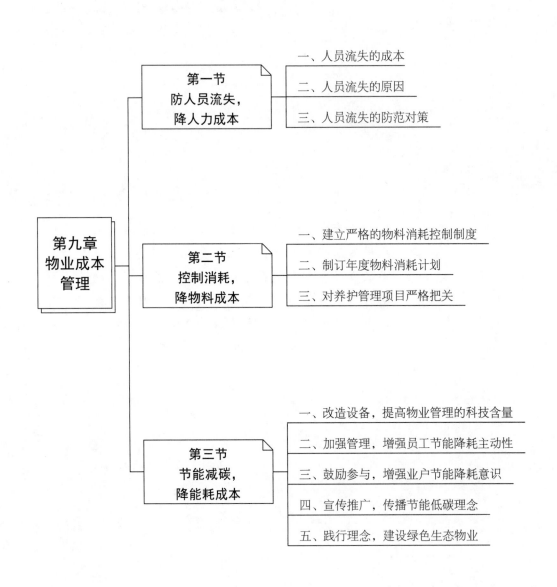

第九章
物业成本
管理

第一节
防人员流失，
降人力成本

一、人员流失的成本

二、人员流失的原因

三、人员流失的防范对策

第二节
控制消耗，
降物料成本

一、建立严格的物料消耗控制制度

二、制订年度物料消耗计划

三、对养护管理项目严格把关

第三节
节能减碳，
降能耗成本

一、改造设备，提高物业管理的科技含量

二、加强管理，增强员工节能降耗主动性

三、鼓励参与，增强业户节能降耗意识

四、宣传推广，传播节能低碳理念

五、践行理念，建设绿色生态物业

第一节　防人员流失，降人力成本

管理学的经验告诉我们，人员流失率高会给企业带来非常惨重的损失。这同样适用于物业服务企业。人员流失，意味着企业成本支出增加，甚至会付出更大的代价。

一、人员流失的成本

走马灯似的人员流失，意味着企业成本支出增加，这些成本主要包括图9-1所示的几个方面。

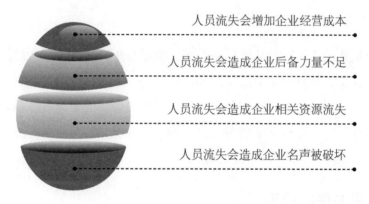

人员流失会增加企业经营成本

人员流失会造成企业后备力量不足

人员流失会造成企业相关资源流失

人员流失会造成企业名声被破坏

图9-1　人员流失的成本

1.人员流失会增加企业经营成本

人员流失增加的企业经营成本，包括员工的招聘成本、培训成本、内部员工填补空缺成本、外聘人员填补空缺成本、生产率损失成本、各种薪酬福利待遇支出成本及其他不可估量的成本损失。

通常，一个岗位的流动成本大约为该岗位月薪的4倍，若是一些关键性岗位，则无形损失更大。因为，一个员工从招聘、培训到使用，要花费很多的成本。如果离职员工工作年限小于人才成长期，那么企业基本上只有成本投入，而得不到回报。在原来的员工流失后，为了维持正常的经营活动，需要重新寻找合适的人员来顶替暂时空缺的职位，这使企业必须支付更多的成本。研究发现，一个员工离职以后，从找新人到新人顺利上手工作，光是替换成本就高达离职员工薪水的1.5倍，而如果离开的是核心管理人员则代价更高。

2.人员流失会造成企业后备力量不足

如果离职员工均是工作满两年以上的基层员工，这意味着随着企业的发展，留下来的基层员工因不具备一定年限的工作经验，而使企业今后在选拔中层管理人员时陷入无人可用的困境，进而使企业出现无法从内部填补中层岗位空缺，人才断层的现象，影响到企业人才梯队建设。如果离职员工大部分是企业中层人员，企业也会面临着后备力量不足的困境。

3.人员流失会造成企业相关资源流失

如果离职员工带走的资料和信息流入竞争对手手里，后果将不堪设想，可能直接威胁到企业的生存，甚至会使企业一蹶不振。

4.人员流失会造成企业名声被破坏

如果一个企业的员工流动频繁，一方面，离开企业的员工自然会对企业存在的问题有些自我的评价，并且大多数是负面的评价；另一方面，会引发企业内外人员对企业的这种现象的猜疑和传言。这些负面评价、猜疑和传言会逐渐破坏企业名声。人们在选择加入企业时，总会提前了解关于企业的一些情况，若企业名声被破坏，会使企业面临很难再次招聘到合适人才的尴尬局面。

二、人员流失的原因

对于物业服务企业来说，人员流失的原因主要包括以下三个方面。

1.人员自身因素

目前大多数物业服务企业的管理团队以年轻人为主，对于许多年轻人来说，物业管理工作报酬低且单调、乏味，不是他们理想的工作。他们渴望获得更好的发展机会，得到更多的报酬。一旦找到能发挥自己才能的工作，他们就会选择离职。

另外，很多时候，物业管理人员的工作得不到业户的理解。有些业户认为自己就是上帝，当他们对物业服务企业的服务、收费不满时，就把怒气发泄到管理人员的身上，有时候甚至会侮辱管理人员的人格和尊严。物业管理人员在面对业户的不尊重、不谅解时，也只能把委屈往下咽。当压力积累太多又无法化解时，物业管理人员就会转到其他行业。

2.企业外部因素

所谓企业外部因素，即经济、政治、文化等社会环境因素及行业因素。其中，物业管理行业的薪酬水平对人才的流失影响最大。

根据调查，相对于其他行业，我国物业管理行业的薪酬水平始终处于市场较低位置。

3.企业内部因素

导致人员流失的企业内部因素，主要表现在图9-2所示的几个方面。

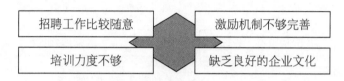

图9-2　导致人员流失的企业内部因素

（1）招聘工作比较随意

首先，随着物业服务企业接管的物业项目增多，企业必须不断招聘人才来满足日常的经营管理活动。但市场上物业管理人才紧缺，而企业又急于用人，在这种供求矛盾下，企业在招聘上就显得比较随意，不深入评价、分析应聘者的综合素质就招聘进来，给日后人才的流失埋下隐患。

其次，企业在人才队伍的建设上过于追求年轻化，在很多岗位的招聘要求中都限制了人才的年龄，并偏向录用年轻人。然而人才的年龄与流失率呈负相关，人才越年轻流失的可能性也就越大。

最后，企业对人才素质的要求比较不合理。一些初级岗位（如秩序维护员、普通物业管理员）的学历要求在大专学历及以上，与人力资源专员、财务人员、行政人员，以及物业经理的学历要求是一样的。选用一些高学历的人才去从事一些初级的岗位，容易导致人员流失。

（2）培训力度不够

有些企业由于资金有限，营业利润也相对较少，为节省开支，就很少有计划、有目的地给物业管理人员提供专业的培训。当员工觉得在企业不能得到有效的培训来提高自身技能时，就会想着跳槽，以寻求更好的平台。

（3）激励机制不够完善

激励机制在某种程度上决定了物业服务企业的人才竞争力，主要分为物质激励与非物质激励两个方面。它也是导致人员流失的主要原因之一。如果物业服务企业既不能提供优厚的物质待遇，又不能提供满足人才精神需要的非物质待遇，很难想象这样的物业服务企业怎么吸引和留住人才。

（4）缺乏良好的企业文化

企业文化是物业服务企业全体员工认同的价值观，它具有较强的凝聚力，因此，它对稳定员工起着重要作用。物业服务企业若缺乏良好的企业文化，就很难留住人才。

三、人员流失的防范对策

针对上述人员流失的原因，物业经理可从图9-3所示的几个方面来进行人员流失防范。

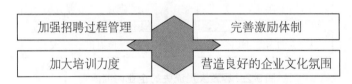

| 加强招聘过程管理 | 完善激励体制 |
| 加大培训力度 | 营造良好的企业文化氛围 |

图9-3　人员流失的防范对策

1.加强招聘过程管理

针对人员流失的特点，物业服务企业在招聘的过程中应该对所有应聘者进行必要的考察，判断应聘者的综合素质，从中挑选出适合岗位的人才。

在招聘的过程中，要特别注重选人的环节。选人环节不到位，容易造成人才的流失。

① 要考察应聘者的态度。物业经理应该优先考虑那些态度诚恳的人才，应聘态度诚恳，说明他（她）非常在乎这份工作，在努力争取这次机会。这样的人才争取到工作之后也会比较珍惜，不会轻易离职。

② 要考察应聘者面试时的表现。面试官应该仔细观察应聘者的言行举止。对应聘者的性格作出初步评估，根据不同岗位的特点挑选不同性格类型的人才。针对岗位特点选择适合岗位的人才，可以对减少人才流失起到一定的作用。

2.加大培训力度

对员工进行培训，既可以让他们更好地为企业服务，也可以让他们学到更多的技能，积累更多的知识，让他们觉得在企业能够学到很多东西，从而达到留住人才的目的。

物业经理应根据企业的实际条件，制订一份详细的培训计划，对培训时间和培训内容进行系统的安排和规划，并指派专人负责，有针对性地开展培训工作。除了必须学习的与物业相关的法律法规外，员工的培训内容应根据其工作特点而定。

比如，对于秩序维护员来说，在进行消防安全培训和体能培训的同时，还应该加强服务礼仪方面的培训；对于维修人员的培训应注重操作性，学习房屋结构构造、保养维修的基本知识及该岗位工作范围内的专业知识，鼓励他们参加供应商提供的相关培训；对于部门主管的培训内容，应该增加一些沟通技巧、企业经营管理、计算机应用的培训课程，以及财务相关知识。

3.完善激励体制

物业服务企业的薪酬制度体系应具有激励功能。企业可根据需要调整薪酬，确保薪酬的竞争力。另外，物业经理在日常管理中，应尽量少采用处罚性措施，多采用目标激励、参与激励和荣誉激励等方法来提高员工的工作热情，达到留人的目的。

（1）物质激励

首先，物业经理必须时刻关注市场上同行业的薪酬水平，做到心中有数，并且根据市场薪酬水平作相应的调整，保持公司薪酬的竞争力。其次，物业经理应该根据员工的表现调整薪酬，奖优罚劣。

另外，物业经理应该为符合条件的员工办理养老保险、医疗保险和失业保险等基本保险，为维修工、秩序维护员等购买意外险。同时，根据企业的经营状况，实行年终双薪、带薪休假、生日贺金、伙食补助等福利政策来保障员工的利益，为员工解除后顾之忧，使员工全身心投入工作中。

（2）非物质激励

非物质激励包括表9-1所示的几个方面。

表9-1 非物质激励

序号	措施	说明
1	目标激励	员工从事任何一项工作，都希望所在公司能有一个明确的工作目标，并引导他们围绕这一个目标去奋斗，最终实现这个目标。只有目标明确了，员工才能有奋斗方向和工作动力。因此，物业经理可以制订一个详尽的发展规划，并规定每年要达到的目标
2	参与激励	物业经理可以组织员工参与企业的各项管理工作，员工就会以企业为家，从而迸发出旺盛的工作热情；还可以建立员工对话制度，如经理接待日、沟通例会等，也可以成立一个网站，设立聊天栏目，让员工畅所欲言，这样一方面可以使日常管理中的问题及时被发现，另一方面可以增加员工对企业的感情
3	荣誉激励	人的需求和追求是分层次的，当基本的需求和物质利益得到满足后，他们就会渴望得到各种荣誉。物业经理应尽量满足员工的这部分需求，对于工作成绩优异、素质高、业务能力强的员工，要尽快晋升，使工作岗位与他们的工作能力相匹配；对工作突出、严格遵守公司管理规定、用户称赞的员工授予优秀服务标兵、先进个人等荣誉称号，并将其主要事迹在有关报刊宣传栏中大力宣传

4.营造良好的企业文化氛围

工作环境和工作氛围对人的工作情绪、工作效率、创造力等都有着很大影响。当员工的人格、尊严、人身权利得到充分尊重，并能经常感受到来自企业的理解、关怀、帮助的时候，他们会对企业产生真切的认同感、归属感，从内心爆发出强烈的报效企业的感情冲动，进而产生持久的工作热情和创造力；相反，若员工经常受到冷落排挤，就会对企业产生失望、抵触、憎恶情绪，严重影响其工作效率和工作业绩。

所以，企业文化应贯穿人本理念，营造一种宽松的工作环境与氛围。物业经理在日常管理中，尽量少采用处罚性措施，多采用表扬激励的方式，使员工有被尊重的感觉。从员工招聘、培训、薪酬、福利、职业发展到激励机制，都尽量考虑员工的需求和利益。

第二节　控制消耗，降物料成本

控制物料消耗是物业管理的重要内容，物料消耗是指物业管理服务过程中对物料、用品、机具、工具、器材等的耗用。物业服务企业的成本费用除了人员费用之外，物料成本占了很大比重。合理采购和有效储存物料是一个公司控制成本的主要方式之一。

一、建立严格的物料消耗控制制度

物料消耗的管控说简单也很简单，说复杂也很复杂，物业经理应抓住其中的关键点建立物料消耗控制制度，可以从图9-4所示的五个方面入手。

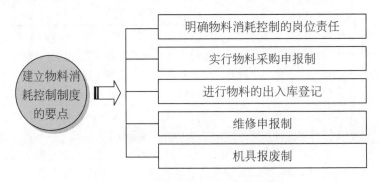

图9-4　建立物料消耗控制制度的要点

1.明确物料消耗控制的岗位责任

物料消耗控制的岗位责任一定要坚持如图9-5所示的"四重"责任制。

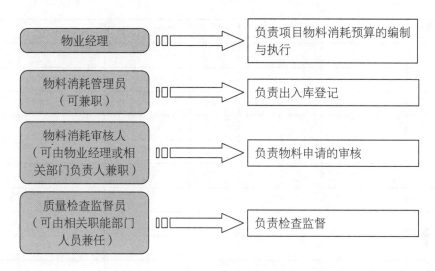

图9-5 "四重"责任制

2.实行物料采购申报制

物业项目每月的物料采购须由项目职能部门主管填写月度物料采购申请表（特殊情况下，可填写单次申请表），物料消耗管理员和物料消耗审核人就物料需求情况及数量进行仓库盘点及采购申请审核，经审批通过后方可采购。

 小提示

目前，很多物业服务企业也在进行物业项目管理数字化建设，因此，可在物业项目管理系统上开发专门的物料管理模块。

3.进行物料的出入库登记

① 所有物料经采购后，物料消耗管理员须进行入库登记，并负责发放和管理。

② 物料消耗管理员发放物料时，物料领用人应填写物料领用登记表。

③ 物料消耗管理员需定期（每月或每季度）对物料进行盘点，做到物账相符。

【实战工具24】▶▶ -

物料领用登记表

No.

领用日期	品名	规格、型号	数量	领用人签字	批准	备注

4.维修申报制

各种机具类物料应由各部门负责保管和日常维护，出现故障需要维修、换件时，须由部门主管填写维修申报单，经批准后才能执行。

 小提示

如今，由于很多机具都按照一次性使用的标准设计，因此企业可就一些主要的有价值的机具类物料进行维修申报管理，其他低价值机具类物料可按消耗型物料处理。

5.机具报废制

物业项目上应有专人负责维护机具，小故障自行排除，大故障可外送维修，达到报废年限和报废程度的，须填写报废申请单，经批准后做报废处理。

🔍【实战工具25】▶▶ -

机具（设备）报废申请单

申报部门		机具编号	
机具名称		型号规格	
出厂编号		始用日期	
报废原因：			
工程部意见： 　　　　　　　　　　工程部部长签名：　　　　　年　　月　　日			
综合事务部鉴定结果： 　　　　　　　　　　综合事务部部长签名：　　　　年　　月　　日			
  　　　　　　　　　　副总经理签名：　　　　　　年　　月　　日			
  　　　　　　　　　　总经理签名：　　　　　　　年　　月　　日			

二、制订年度物料消耗计划

① 物料消耗年度计划应与工作计划相对应，一线部门须每年制订年度物料消耗计划，对用品、机具、器材等消耗做出年度预算，经审批后纳入项目整体预算后执行。

② 各部门的年度物料消耗计划的执行由部门主管负责，月度申购应参照年度物料消耗计划进行，并与部门主管的绩效考核挂钩（预算超支则考核扣分）。

③ 质量检查监督员对物料消耗情况进行定期检查或随机抽查，并在检查表中记录检查、处理结果。

④ 在本年度结束后，可对各部门的物料消耗情况进行排名并设立奖惩机制。

三、对养护管理项目严格把关

一般情况下，物业管理服务合同和业主公约都会载明物业服务企业可把本物业管理区域内的部分管理项目委托给有关专业技术单位管理，但不能把全部物业管理项目委托给其他单位管理。电梯、消防、制冷、监控等技术设备须由具备相关专业技术资质的单位予以养护和维修。

① 严格按相关规定，将电梯、消防、制冷、监控等设备委托给具备相应专业技术资质的单位进行维护、保养和维修。

② 在选择委托单位过程中，按招投标规定从资质、实力、价格、服务等方面严格筛选、把关，选择最有实力、能胜任养护工作的单位。同时，设立必要的委托执行工作单，由委托单位派专业技术人员与本单位员工一起填写，确保委托合同顺利执行。

③ 对于非国家法规指定由特种专业单位养护的项目尽量由本企业负责管理。

 小提示

物业经理应站在企业成本管控角度，评估哪些业务适合外委和哪些业务适合自持，不能简单地认为业务外委就一定会降低成本。

第三节　节能减碳，降能耗成本

如今，在各种能源价格日益上涨，物业服务费却在不断下调的情况下，物业服务企业的利润空间已经非常小了。在这种情况下，怎样才能保存并扩大企业的生存空间呢？节能降耗，构建低碳物业无疑是一个非常重要的途径。

一、改造设备，提高物业管理的科技含量

工程部是实施节能工作的重点部门，除加强日常管理外，最重要的是从改造高耗能旧设备入手，选用节能设备，降低能耗、节约费用。要做好这项工作，需要有好的推广形式，便于企业运作。在提高认识的基础上，结合项目的不同情况，可将设备改造分成以下三种情况。

① 如果是在物业早期介入的新项目，应在工程设计时尽可能帮助业户选择优良节能的设备，给业户提出中肯的建议，帮助他们作出选择，一步到位（此阶段开发商或业户都有资金实力，可以为今后的物业管理打下坚实基础）。

② 如果所管理的物业的工程设备老化，需要更新改造，可及时列入改造计划，推荐业户使用或更换新产品和节能设备、材料等，这样就可以从根本上解决问题，降低能耗。

③ 对于物业管理中正在运行的、已采取一般节能措施的工程设备，由于还没有老化到一定程度，业户很难接受一次投入大量改造资金。对此，可以区分不同情况，采取不同方式解决。

比如，与供货商协商，先支付一部分设备款，再用更换设备以后节省下来的资金分2～3年偿还余款。这些节能设备投入使用后，在两三年左右时间内可收回成本，以后就是纯增加的收益。这种方式业户就比较容易接受。

二、加强管理，增强员工节能降耗主动性

要实现节能目标，物业服务企业还是要依靠企业文化的力量，从员工抓起，增强全体员工的节能降耗意识和节能降耗的主动性。寻找节能小窍门，并把节能的小窍门运用在服务工作中，最大限度地激发全体员工在工作中的节能意识。加大节约能源的宣传力度，树立"节能降耗，从我做起"的观念，增强全体员工的主人翁意识。具体方法如下。

① 在公司内部将节能降耗工作与员工的收入直接挂钩，并制定奖惩制度，以提高员工节能的自觉性和积极性。

② 加强日常管理，完善规章制度，防止浪费。

③ 对员工进行节约教育，向员工宣传节能降耗的意义和重要性。从员工的自身修养层面抓起，让他们意识到节俭是道德修养的体现，是一种美德，从而养成随手关灯、关水的好习惯，杜绝浪费。

④ 在办公室中，提倡不浪费每一张纸，不放弃纸张回收的做法，文件的整理和记录不得粗心随意，办公时尽量使用再生纸。无实际意义的传单、报告要拒绝打印。

⑤ 做会议记录、发放通知等工作可以线上完成。

⑥ 员工下班时要留意关灯关电脑。

⑦ 基层员工在工作时要谨遵公司对设备使用和节能降耗的相关规定，并且要在实践中积极思考，为公司更好地制订节能方案提出可行性建议。

三、鼓励参与，增强业户节能降耗意识

节能降耗工作是社会性活动，涉及各家各户。对企业和社会来说，节能降耗工作是一项"多赢"事业，不仅要激励员工参与，还要鼓励广大业户积极参与。员工和业户互补互动，共同管理，真正做到以人为本，使物业节能降耗工作更顺利，效果更好。

物业管理处一方面要在小区内开展节能降耗宣传教育，加大可持续发展、绿色消费、绿色文明等新理念的宣传力度，增强业户节能降耗的意识，提高其在日常生活中节能降耗的主动性和积极性；另一方面，要维护业户对物业共用部分节能降耗的知情权、参与权和监督权，建立相关制度，使业户参与管理制度真正落到实处。

四、宣传推广，传播节能低碳理念

低碳环保既是一种生活方式，更是一种环保责任。物业管理处应大力推广，将节能减排、低碳环保理念辐射到更多社区，让更多的社区居民了解低碳生活。

① 通过播放视频，让社区居民学习了解垃圾分类清运、节约用电、节约用水等知识。

② 号召社区居民，特别是小朋友，争做社区减排先锋，将学到的减排知识运用到生活中。传播减排理念，守护绿色地球，为实现"双碳"目标一起努力。

五、践行理念，建设绿色生态物业

在"双碳"目标的大背景下，物业服务企业应将绿色理念融入服务中，融入楼宇治理和产业协同中，为国家高质量发展贡献力量。物业管理处可从办公、出行、停车、保洁等方面，建设绿色生态物业。

1.绿色办公

在绿色办公方面，物业管理处可制订办公家具循环租赁方案，当企业需要搬迁或扩大规模时，就能轻松换成适用的办公家具，不需要的家具可通过回收、拆换实现重复利用，减少浪费，使企业搬迁更便捷。

2.绿色出行

物业管理处可通过设置新能源汽车及电动自行车充电站，为新能源汽车及电动自行车提供充电服务，以实际行动支持绿色出行。

3.绿色停车

在绿色停车方面，物业服务企业可通过采用微服务架构、云端物联网部署、标准化设备接口协议、AI算法等技术，实现停车设备和信息数据的集中管理。结合移动终端技术、无人值守系统等，打造一体化智慧停车平台，实现无感通行。

4.绿色清洁

在绿色清洁方面，物业服务企业可通过引进智能清洁设备，采用无线吸尘机、自动抛光机等设备，实现科学清洁。